Blyth Tait

CROSS-COUNTRY REITEN

Blyth Tait

CROSS-COUNTRY REITEN

DER PROBLEMLÖSER VOM OLYMPIASIEGER

blv

Inhalt

4 Probleme, die auf dem Turnier auftreten

5 Übungen für das Training zu Hause

Vorwort

Bei meinen Trainingslehrgängen, die ich überall auf der ganzen Welt halte, werde ich ständig mit einer Vielzahl von Fragen rund um das Reiten im Gelände konfrontiert. Dieses Buch ist eine Sammlung der häufigsten Probleme und bietet eine Reihe von Lösungsvorschlägen, die bei meiner eigenen Reiterei gut funktioniert haben.

An irgendeinem Punkt ihrer reiterlichen Karriere stoßen die meisten Reiter auf Schwierigkeiten beim Springen. Aus den verschiedensten Gründen haben selten zwei Reiter das gleiche Problem, aber beinahe alle Probleme können mit mehr Verständnis in Verbindung mit einer vernünftigen und systematischen Ausbildung korrigiert werden.

Die ersten vier Kapitel dieses Buches bieten eine schnelle Nachschlagehilfe bei ganz bestimmten Problemen. Das fünfte Kapitel stellt eine Auswahl von bewährten Trainingseinheiten vor, die ich zu Hause exerziere, um meine eigenen Probleme im Training zu lösen oder um mein eigenes reiterliches Können zu verbessern.

Zusätzlich versucht dieses Buch, meine Ideale, die hinter meinen Ausbildungsmethoden stehen, deutlich zu machen. Ich hoffe, dass sich seine Seiten als nützlich für alle Reiter erweisen, sowohl vor dem Auftreten von Problemen, als auch hinterher zur Lösung.

Hals- und Beinbruch!

1 Probleme beim Pferd

Vorbeilaufen

Welche Gründe gibt es für das Vorbeilaufen?

▸▸ Der Hauptgrund ist die mangelnde Einwirkung durch den Reiter. Nachdem das Pferd deutlich stärker als sein Reiter ist, muss es lernen, sich seinen Wünschen unterzuordnen und es darf ihm nicht erlaubt werden, über Dinge wie Richtung oder Tempo selbst zu bestimmen.

▸▸ Mangelnde Kontrolle kann oftmals das Ergebnis überhöhter Geschwindigkeit beim Anreiten sein oder die Folgeerscheinung eines auseinandergefallenen Pferdes mit einem zu großen und nicht ausreichend versammelten Galoppsprung.

▸▸ Ein Vorbeilaufen kann auch das Ergebnis einer kurzzeitigen Irritation oder Beunruhigung Ihres Pferdes sein, vor allem unerfahrene Pferde, die zum erstenmal mit einem neuen Hindernis konfrontiert werden, sind oft misstrauisch.

Was kann ich tun, um ein Vorbeilaufen zu verhindern?

▸▸ Das Allerwichtigste ist das Drosseln des Tempos und das Erreichen maximaler Einwirkung. Ein erfahrenes Pferd kann in einem kontrollierten Galopp bleiben, bei einem »grünen Pferd« ist unter Umständen das Zurückführen in den Trab erforderlich, damit der Reiter den Anreitweg und das Tempo besser in den Griff bekommt.

▸▸ Das Versammeln und Verkürzen des Rahmens und des Galoppsprunges sind sehr hilfreich. Dadurch wird ein Teil der Energie der Vorwärtsbewegung und des Impulses gespeichert.

▸▸ Der Reiter sollte seine Augen nach oben, auf das Hindernis vor ihm gerichtet haben. Das »Nach-oben-Schauen« verbessert seine Reaktionsfähigkeit; blickt er nach unten, kann er diesen Effekt nicht erzielen.

▸▸ Für den Reiter ist ein verstärktes Aufrichten des Oberkörpers wichtig. Lassen Sie beim Anreiten Ihre Schultern nicht nach vorne fallen und geben Sie die konstante Verbindung zum Pferdemaul nicht auf (Siehe auch »Das Pferd fallen lassen«, S. 37).

Wie kann ich das Problem lösen?

Enttäuschung ist offensichtlich. Hier ist das Pferd an diesem schmalen Hindernis am Hang vorbeigelaufen.

▸▸ Sie müssen den Fehler immer wieder korrigieren. Genauso wie Sie in der Dressurausbildung eine nicht korrekte Lektion wiederholen, muss auch in der Springausbildung ein Vorbeilaufen sofort korrigiert werden. Geben Sie nicht nach.

▸▸ Versuchen Sie bei Ihrem erneuten Anreiten nicht einfach eine nur Volte zu reiten. Läuft Ihr Pferd beispielsweise links vorbei, hindern Sie es sofort daran, links weiterzurennen und führen es am rechten Zügel rückwärts bis es vor dem Sprung steht. An dieser Stelle können Sie Ihr Pferd sanft verwarnen, indem Sie ihm zum Beispiel ins Ohr »knurren«.

▸▸ Haben Sie ihm klargemacht, dass es ungehorsam war und, dass das Vorbeilaufen an der linken Seite keine Lösung ist, wenden Sie nach rechts ab, sortieren Sie sich wieder und reiten erneut an. Damit haben Sie nicht einfach Ihre Linksvolte fortgesetzt, sondern den Fehler vernünftig korrigiert und zusätzlich einen Lerneffekt für das Pferd erzielt.

▸▸ Klares Handeln und das Korrigieren von Fehlern erziehen das Pferd dazu, sich um sich selbst zu kümmern und nach einem Weg über das Hindernis und nicht außen

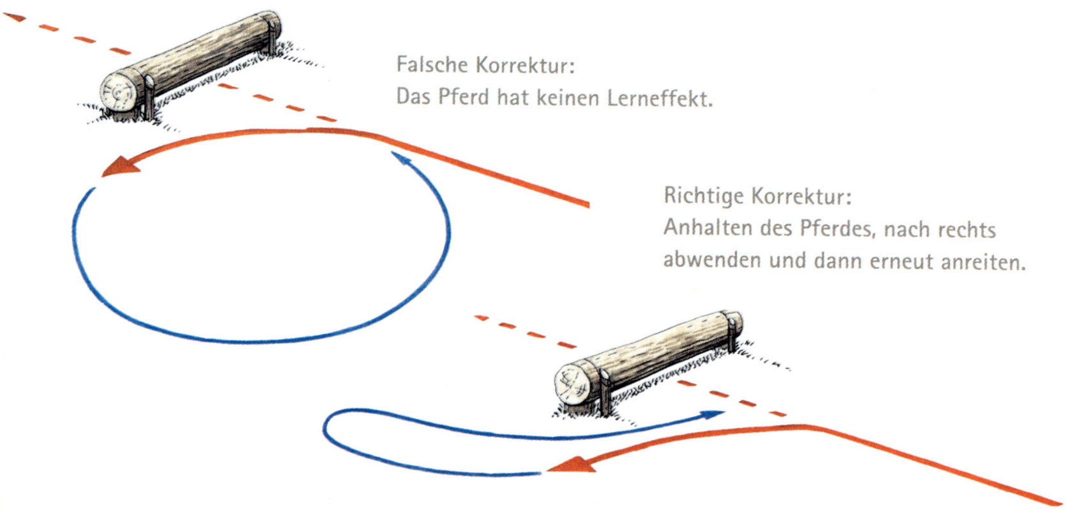

Falsche Korrektur:
Das Pferd hat keinen Lerneffekt.

Richtige Korrektur:
Anhalten des Pferdes, nach rechts abwenden und dann erneut anreiten.

herum zu suchen. In Anbetracht dieser Tatsache ist es bei einem unerfahrenen Pferd vielleicht notwendig, zwei Stangen als Leitlinie auf das Hindernis zu legen. Entweder eine Stange auf jede Seite der obersten Stange oder auch nur eine Stange auf die Seite, vor das Pferd vorbeiläuft, um es damit förmlich über den Sprung zu lotsen und damit das Vorbeilaufen schwieriger zu machen.

▸▸ Nach einem erfolgreichen Versuch können Sie Ihr Pferd loben. Lob stärkt sein Selbstbewusstsein, sein Vertrauen und seine Bereitwilligkeit.

▸▸ Anfangs legt man die beiden Stangen so auf den Sprung, dass das eine Ende auf der obersten Stange aufliegt und das andere Ende auf dem Boden. Später, mit wachsendem Selbstvertrauen des Pferdes, kann man beide Stangen auf den Boden legen. Dadurch wird das Pferd ermutigt, immer gerade zu bleiben, anschließend entfernt man beide Stangen.

Muss ich mir Sorgen machen, wenn das Pferd trotz eines kontrollierten Anreitens im richtigen Tempo, verweigert?

▸▸ Grundsätzlich nicht. Im Vergleich zu einem Vorbeilaufen empfinde ich eine Verweigerung als das kleinere Übel.

▸▸ Bringen Sie Ihr Pferd zuerst so weit unter Kontrolle, dass es absolut gerade bleibt. Im Anschluss daran, können Sie wieder vorwärts reiten. Bei Bedarf mit viel Druck, um ein erneutes Verweigern zu verhindern.

Eine Stange, die als »Führungsschiene« auf einem Übungshindernis liegt, hindert das Pferd am Vorbeilaufen und hilft, es gerade zu halten.

▸▸ Hat der Reiter Probleme mit der Kontrolle über sein Pferd und rechnet er mit einer Verweigerung, wird er den Sprung halbherzig anreiten – gleichzeitig steuern, lenken, bremsen und treiben. Bei der Einwirkung auf das Pferd sind immer klare Kommandos wichtig.

Wie kann ich erkennen, ob mein Pferd irritiert oder einfach nur widersetzlich ist?

▸▸ Das ist für einen unerfahrenen Reiter sehr schwer einzuschätzen, aus diesem Grund wäre es sicherlich hilfreich, die Meinung eines erfahrenen »Auges« einzuholen. Normalerweise wechselt Ihr Pferd deutlich sichtbar seinen Rhythmus, wenn es aus Furcht vorbeiläuft; es bremst, schlägt Haken oder beschleunigt blitzartig nach dem Sprung.

▸▸ Läuft das Pferd vorbei, weil es Angst vor dem Hindernis hat, muss man das Problem mit viel Geduld angehen. Versuchen Sie nicht, die Grundausbildung zu beschleunigen.

▸▸ Läuft Ihr Pferd vorbei, weil es ungezogen ist, muss dies auf klare und effiziente Weise korrigiert werden.

▸▸ Wurde der Sprung bereits einmal überwunden, darf ein Vorbeilaufen beim zweiten Anreiten auf keinen Fall geduldet werden.

Gibt es dressurmäßige Übungen, die in diesem Fall helfen?

▸▸ Die Antwort lautet – wie bei fast allen Problemen rund ums Springen: Ja.

▸▸ Übungen, die die Einwirkung verbessern, sind sehr hilfreich. Zum Beispiel Übergänge vom Galopp zum Trab oder Schritt, halbe Paraden, das Verkürzen und Versammeln der Galoppsprünge, um das Pferd mehr zu setzen.

▸▸ Lernt das Pferd, dem Reiterschenkel folgend seitlich überzutreten, hat der Reiter mehr Möglichkeiten, sein Pferd gerade zu halten oder gerade an den Sprung zu reiten. Einfaches Schenkelweichen oder aber laterales Biegen für Fortgeschrittene, ist hier von Nutzen.

▸▸ Bei Pferden, die nicht im Gleichgewicht sind, misslingt sehr oft der Versuch, das Pferd durch Annehmen des inneren Zügels geradezurichten oder abzuwenden. Es verdreht dann lediglich den Kopf und weicht über die äußere Schulter aus oder wehrt sich gegen eine starke Einwirkung mit der Hand und läuft in die entgegengesetzte Richtung.

Handwechsel

Mein Pferd landet immer auf derselben Hand. Muss ich mir deshalb Sorgen machen?

▸▸ In der Grundausbildung des Springens und wenn Sie nach dem Hindernis geradeaus weiterreiten, noch nicht; es wird erst dann zum Problem, wenn Sie Sprünge aus der Wendung, in der Biegung oder einen ganzen Parcours reiten. Auf der falschen Hand zu landen, z.B. auf der äußeren statt auf der inneren, verringert die Chance, im Gleichgewicht und in positiver Vorwärtstendenz den nächsten Sprung anzureiten.

Weshalb landet mein Pferd immer im selben Galopp?

▸▸ Meistens ist dies die Folge einer Steifheit des Pferdes oder eines Problems, das der Reiter verursacht, weil er nicht im Gleichgewicht sitzt. Wir müssen uns bemühen, unser Pferd während der täglichen Dressur- und auch Springausbildung auf beiden Händen geschmeidig zu machen. (Siehe dazu S. 107–110)

▸▸ Ein Reiter, der sich beim Springen nach einer Seite lehnt, stört das Gleichgewicht seines Pferdes. Er muss stets zentriert im Mittelpunkt des Pferdes bleiben.

Verweigern

Weshalb verweigert mein Pferd?

▸▸ Dafür kann es zahlreiche Gründe geben: Das Pferd kann durch das Hindernis oder den schlechten Sitz des Reiters verunsichert sein; vielleicht war es beim Anreiten nicht im Gleichgewicht oder zu schnell oder gar zu langsam unterwegs.

Wie kann ich die Ursache für mein Problem herausfinden?

▸▸ Für einen unerfahrenen Reiter ist es sehr schwer, die Gründe für das Verweigern seines Pferdes selbst herauszufinden. Fragen Sie nach Möglichkeit einen erfahrenen Fachmann um Rat.

▸▸ Versuchen Sie als erstes alle Gründe für ein eventuelles Unbehagen Ihres Pferdes herauszufiltern. Fragen Sie sich selbst: Springe ich das Pferd z.B. auf einem Boden, der zu hart ist? Hat es Schmerzen? Könnte unpassendes Sattel- oder Zaumzeug der Grund für seine Widersetzlichkeit sein? Drückt der Sattel vielleicht auf seinen Widerrist oder ist das Gebiss zu scharf?

▸▸ Anschließend müssen Sie sich als Reiter genau unter die Lupe nehmen: Hänge ich über dem Sprung im Maul? Falle ich ihm bei der Landung in den Rücken? Möchte ich den Sprung mit völliger Überzeugung überwinden oder bin ich zögerlich und zaudernd?

Wann muss ich verständnisvoll und wann muss ich streng sein?

▸▸ Sie sollten in der Lage sein, zu erkennen, dass ein Pferd, das Angst vor einem Sprung hat, normalerweise scheut, den Rhythmus ändert, plötzlich Gas gibt und abbremst oder richtige Haken schlägt.

▸▸ Bei einem nervigen Pferd sollten Sie verständnisvoll und ohne Eile vorgehen. Überfordern Sie ein Pferd, das nicht genug Vertrauen hat, nicht mit zu hohen Anforderungen.

▸▸ Ist Ihr Pferd unehrlich, d.h. verweigert es bereits in weiter Entfernung vor dem Hindernis oder beim zweiten Anreiten, nachdem es den Sprung bereits überwunden hatte, ist es an der Zeit streng zu sein. Gehen Sie sicher, dass Ihr Pferd auf Ihren Schenkel reagiert. Es muss sowohl in der dressurmäßigen Arbeit als auch am Sprung vorwärts gehen.

▸▸ Es wird vielleicht notwendig, mehr Ihre Stimme oder die Gerte einzusetzen, genauso schnell müssen Sie Ihr Pferd nach einer zufriedenstellenden Reaktion aber auch belohnen.

Woher weiß ich, ob ich »untertourig« reite?

▸▸ Ihnen wird ganz einfach der Sprit ausgehen. Es ist sehr wichtig, mit genügend Energie und Vorwärtsimpuls unterwegs zu sein, um die Anstrengung des Sprunges durch den Rhythmus der Galoppsprünge zu erleichtern. Ein zusätzlicher Kraftaufwand sollte zum Überwinden des Hindernisses nicht erforderlich sein.

Dieses junge Pferd wird mit einem seiner ersten Geländehindernisse konfrontiert. Das Hindernis ist relativ einladend, mit runder Oberlinie, solide und gut gebaut. Aufgrund seiner Unerfahrenheit weiß das Pferd nicht, was es tun soll und verweigert. Weil der Reiter aber nicht nach vorne gebeugt ist und sein Gewicht richtig in die Steigbügel verlagert hat, konnte ein Sturz vermieden werden.

Dank einfühlsamer Ausbildung hat das Pferd an Vertrauen gewonnen und erfüllt die Wünsche seines Reiters.

Woher weiß ich, ob ich zu schnell bin?

▸▸ Weil auch die Verweigerung schnell passiert – also in der letzten Sekunde oder sogar so spät, dass Sie in das Hindernis hineinrutschen.

▸▸ Zu hohes Tempo verschlechtert normalerweise die Balance und die Einwirkung genauso wie die Präzision beim Anreiten.

Wie soll ich mich nach einer Verweigerung verhalten?

▸▸ Lassen Sie Ihr Pferd im Training niemals vom Hindernis wegstürmen. Bleiben Sie eine ganze Zeit ruhig vor dem Hindernis stehen. Im Training können Sie nicht abgeklingelt werden.

▸▸ Das Pferd darf nicht in Panik vor dem Hindernis davonlaufen, muss aber stattdessen mit dem Hindernis konfrontiert werden und die Sache »untersuchen«.

▸▸ Wenden Sie Ihr Pferd dann ab, wann Sie es möchten.

▸▸ Reiten Sie für das erneute Anreiten nicht ewig weit vom Hindernis weg. Richten Sie beim zweiten Mal Ihren Oberkörper etwas mehr auf, so bleiben Sie ein wenig hinter dem Schwerpunkt. Dadurch wirken Sie stärker ein und geben damit mehr Impuls. Fallen Sie nicht mit dem Oberkörper nach vorne, richten Sie sich auf und bleiben Sie mit Ihrem Gefäß in Verbindung mit dem Sattel. Bringen Sie Ihr Pferd beim Anreiten nicht durch das »Wegschmeißen« Ihrer Verbindung zum Pferdemaul aus dem Gleichgewicht. Dieses Aufgeben der Zügelverbindung ist als »Fallenlassen des Pferdes« bekannt (Siehe S. 37) Geben Sie Ihrem Pferd Vertrauen, indem Sie es mit deutlicher Schenkeleinwirkung in Ihre Hand treiben.

Eilen oder Übereifrigkeit

Welche Probleme können entstehen, wenn Ihr Pferd unkontrolliert zum Hindernis stürmt?

▸▸ Im Grunde genommen werden dadurch alle gewünschten Prinzipien, die einen guten Sprung ausmachen, über Bord geworfen.

▸▸ Der Verlust von Kontrolle und Balance wird nicht nur beim Anreiten sondern auch Absprung offensichtlich. Mit großer Wahrscheinlichkeit wird Ihnen Ihr Pferd nicht die Möglichkeit geben, mit der Hand nachzugeben oder das Bein zuzumachen, um eine gute Basküle über dem Hindernis zu erzielen, wenn es auf das Hindernis losstürmt. Ebenso wahrscheinlich ist eine zu feste Hand und ein weggestreckter Unterschenkel. Das wird wiederum dazu führen, dass sich das Pferd beim Anreiten wehrt und den Rücken wegdrückt oder sich auf das Gebiss legt.

Was kann der Grund für ein Davonstürmen meines Pferdes sein?

▸▸ Es ist mit großer Wahrscheinlichkeit eine mentale Reaktion auf das Springen, genauso können aber Mängel in seinem Gleichgewichtssystem dazubeitragen. Ängstlichkeit,

Ein davonstürmendes Pferd bringt den Reiter dazu, an den Zügeln zu ziehen. Ein guter Sprung wird dadurch verhindert. Dieses Pferd hat eine stark weggedrückte (hohle) Oberlinie.

Übereifer, mangelnde Disziplin oder Erziehung können als Gründe für das Stürmen in Frage kommen.

Wie kann ich mein Pferd am Eilen hindern?

▸▸ Sie müssen konsequent in der Ausbildung sein. Pferde reagieren sehr gut auf Wiederholungen, legen Sie deshalb Wert darauf, dass Ihr Pferd stets ausbalanciert und kontrolliert geht.

▸▸ Reiten Sie die Sprünge in einem gleichmäßigen Rhythmus an. Versuchen Sie nicht, das Tempo auf den letzten Galoppsprüngen zu verändern, weder zu drosseln noch zu beschleunigen.

▸▸ Reiten Sie Lektionen, die Ihnen helfen, Kontrolle über Ihr Pferd zu gewinnen, um dem Pferd zu lernen, abzuwarten. Eine dieser Lektionen ist zum Beispiel das Durchparieren zum Halten vor dem Sprung. Loben Sie Ihr Pferd, sobald es angehalten hat und lassen Sie es kurz entspannen, bevor Sie erneut anreiten.

▸▸ Stürmt Ihr Pferd sehr stark, reiten Sie über kleine Hindernisse, damit können Sie Ihr Pferd leichter herunterbremsen. Von Zeit zu Zeit genügt es, Stangen auf den Boden zu legen, um zu testen, wie sich das Pferd beim Springen verhält.

▸▸ Bestehen Sie beim Reiten über Stangen oder über kleine Sprünge auf Kontrolle und einem gleichmäßigen Rhythmus.

▸▸ Hüten Sie sich davor, das Problem zu antizipieren. Wenn Sie darauf warten, dass Ihr Pferd losrennt, ist es äußerst unwahrscheinlich, dass Sie gemeinsam mit Ihrem Pferd über dieses Problem hinwegkommen.

▸▸ Brechen Sie vor dem Hindernis nicht in Panik aus, erhalten Sie einfach Ihren Rhythmus, festigen Sie Ihre Einwirkung und warten Sie darauf, dass das Hindernis auf Sie zukommt.

Gibt es bestimmte Übungen, die das Losstürmen verhindern?

▸▸ Alle Dressurlektionen, die Balance und Einwirkung verbessern, sind hilfreich. Übergänge nach unten, halbe Paraden, das Verbessern des kontrollierten Galopps und der Aufrichtung, helfen.

▸▸ Verwenden Sie V-Stangen (wie aus S. 102 beschrieben), um Ihrem Pferd noch klarer zu machen, auf das Hindernis zu warten und von selbst zurückzukommen. Die V-Stangen verringern den Drang des Reiters, beim Anreiten zu stark mit der Hand einzuwirken.

▸▸ Grundsätzlich ist jede Übung, die die Rittigkeit verbessert, nützlich. Reiten Sie gerade auf das Hindernis zu, wenden Sie kurz davor ab und reiten Sie eine Volte auf der Hand, auf der Sie sich gerade befinden, bevor Sie das Hindernis überwinden. Diese Übung wird Ihr Pferd dazu erziehen, auf den Reiter zu hören und abzuwarten, statt loszurennen und alles vorwegzunehmen.

Kann ich ein Hindernis zu langsam anreiten?

▸▸ Ja. Wenn Sie Ihr Pferd übertrieben zurücknehmen, kommt es zu einer Art »Tauzieh-Situation«, in der das Pferd gegen Sie zieht, um sich die nötige Freiheit zum Überwinden des Hindernisses zu schaffen.

▸▸ Reiten Sie geschmeidig und mit dem nötigen Impuls vorwärts, um das Hindernis mit Leichtigkeit überwinden zu können. Das gibt Ihrem Pferd Selbstvertrauen, und es wird das Bedürfnis verlieren, loszustürmen.

Das unerwünschte Hinzufügen kleiner Galoppsprünge vor dem Hindernis

Wieso macht mein Pferd kleine, »passendmachende« Galoppsprünge vor dem Hindernis?

▸▸ Der Hauptgrund liegt wahrscheinlich im Anreiten mit einem zu langen Galoppsprung ohne Spannung. Ihr Pferd reagiert darauf, indem es versucht, auf diese Weise die »Feder zu spannen« um aus der vermehrten Hankenbiegung springen zu können. Liegt sein Gewicht bei schleppender Hinterhand vermehrt auf der Vorhand, wird es ihm an Balance und Selbstvertrauen fehlen.

▸▸ Alternativ dazu reiten Sie vielleicht zu schnell auf das Hindernis, dann bremst Ihr Pferd vorsichtshalber ab, um soweit zurückzukommen, dass es am Sprung keinen Fehler macht.

Wie kann ich sicherstellen, dass mein Pferd aus einem gleichmäßigen Galoppsprung mit Vorwärtstendenz abspringt?

▸▸ Sie müssen an der Versammlung im Galopp arbeiten (Siehe S. 117), um ausreichend Impuls zu gewährleisten. Das ermöglicht Ihnen, einen Teil der gespeicherten Energie beim Anreiten freizusetzen, um die Galoppsprünge und den Rahmen Ihres Pferdes zu verlängern ohne das Gleichgewicht zu verlieren.

▸▸ Es ist besser, die Galoppsprünge durch einen nachgebende Hand zu verlängern als durch verstärkten Schenkeldruck.

▸▸ Achten Sie darauf, dass Ihr Pferd nicht hinter den Schenkel kommt. Es muss in der dressurmäßigen Arbeit seine Vorwärtstendenz ohne ständiges Treiben beibehalten.

- Stellen Sie sich zu Hause kleine Sprünge auf, die das Vorwärtsreiten fördern. Ziehen Sie die Grundlinie dieser kleinen Sprünge etwas nach vorne und bauen Sie die Oxer nicht zu stark carré. Leicht schräg ansteigende Oxer sind einladender und helfen dem Pferd, vermehrt nach vorne zu springen.

- Achten Sie darauf, im Landen bereits bestimmt vorwärts zu reiten, damit weder Impuls noch Rhythmus verloren gehen.

- Lehnen Sie sich beim Anreiten nicht nach vorne, lassen Sie Ihr Pferd nicht auf die Vorhand fallen.

- Denken Sie »nach oben«.

Wann wird das Einfügen kleiner Galoppsprünge vor dem Absprung heikel?

- Beim Reiten von Distanzen und Kombinationen, vor allem bei langen Distanzen.

- Breite Hindernisse, wie weite Gräben oder tiefe Oxer können problematisch werden. Hier ist ein längerer Galoppsprung essentiell, sonst verhält sich das Pferd und fällt aus.

Losstürmen nach dem Hindernis

Warum beschleunigt mein Pferd plötzlich nach dem Sprung?

- Es kann die Antwort auf eine unangenehme Erfahrung, verursacht durch den Reiter sein. Vielleicht fiel ihm der Reiter bei der Landung in den Rücken oder auf den Hals, blieb über dem Sprung hinter der Bewegung oder warf die Zügel weg und gab dadurch die Einwirkung auf.

- Es kann das Ergebnis zu schwacher Einwirkung oder verlorengegangener Balance sein. Mit Sicherheit ist es aber der Indikator für zu wenig Rhythmus.

- Übereifer oder Übermut sind weitere mögliche Gründe; Änderungen in Ausbildung, Haltung und der mentalen Einstellung sind in diesem Fall erforderlich.

Wie kann ich dieses Problem unterbinden?

- Stellen Sie als erstes sicher, dass Sie im Gleichgewicht sind. Fangen Sie die Wucht der Landung mit dem Steigbügel auf, bleiben Sie nicht hinter der Bewegung und fallen Sie nicht über dem Sprung nach vorne.

- Richten Sie ein besonderes Augenmerk auf den ersten Galoppsprung nach der Landung. Bereiten Sie sich darauf vor, sofort die Kontrolle zu übernehmen. Versuchen Sie, die Verbindung zwischen Hand und Bein zu

Das Reiten einer Volte nach der Landung ist eine nützliche Übung, um die Kontrolle zu erhalten.

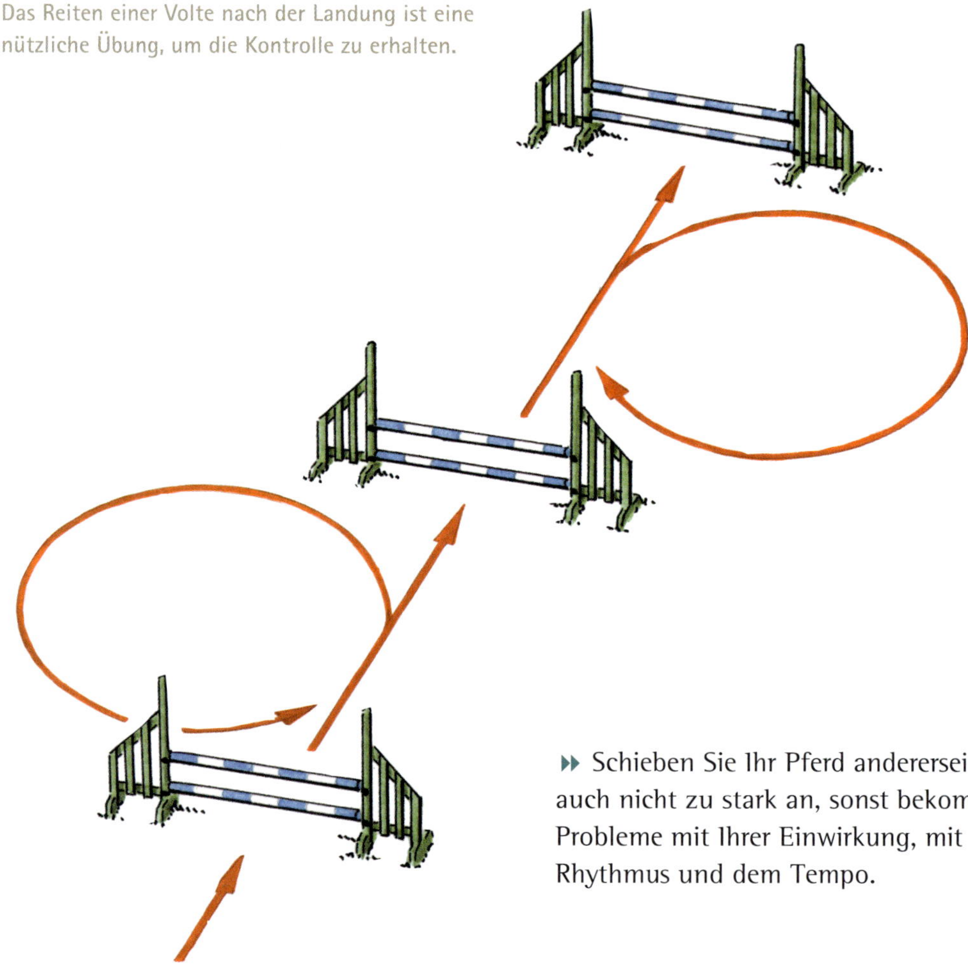

erhalten, anstatt das Pferd am langen Zügel weiterlaufen zu lassen. Beim Reiten von Distanzen oder Wendungen zwischen den Hindernissen wird die Wichtigkeit, nach dem Sprung sofort wieder ausbalanciert und kontrolliert zu reiten, besonders deutlich.

▸▸ Reiten Sie das Hindernis mit ausreichend Schwung an.

▸▸ Zu wenig Schwung erfordert eine größere Anstrengung beim Absprung und macht es dem Reiter schwieriger, unabhängig zu sitzen.

▸▸ Schieben Sie Ihr Pferd andererseits aber auch nicht zu stark an, sonst bekommen Sie Probleme mit Ihrer Einwirkung, mit dem Rhythmus und dem Tempo.

Wie kann ich dieses Problem bei meinem Pferd korrigieren?

▸▸ Arbeiten Sie an Ihrer Einwirkung, versammeln Sie vermehrt die Galoppsprünge, reiten Sie Übergänge etc.

▸▸ Sobald Sie sicher sind, nicht selbst die Ursache des Problems zu sein, können Sie versuchen, diese Angewohnheit wegzutrainieren.

▸▸ Unter Umständen ist es einfacher, das Pferd nach dem Hindernis auf einer gebogenen Linie wieder unter Kontrolle zu bringen und zurückzuführen. Mehr Biegung hilft dabei. Es ist wichtig, die Volte gleichmäßig auf beiden Händen zu reiten.

- Sie können die Volten auch in Distanzen zwischen die Hindernisse einbauen (siehe Zeichnung auf der linken Seite).

- Mit der Zeit sollte Sie in der Lage sein, Ihr Pferd auf der Geraden soweit unter Kontrolle zu bringen, dass Sie durchparieren oder sogar zum Halten kommen können.

- Lassen Sie sich Zeit; versuchen Sie, dieses Problem ohne Eile aus der Welt zu schaffen.

- In einem ganz extremen Fall würde ich mein Pferd sogar nach dem Halten rückwärts richten, um ihm noch klarer zu machen, auf mich zu hören und zu warten. Das Pferd darf nicht die Führung übernehmen, sondern muss sich unterordnen.

- Denken Sie immer daran, Ihr Pferd für die richtige Reaktion zu loben.

- Wenn Sie bei einem absoluten Härtefall auf der Geraden zum Halten durchparieren möchten, wird es vielleicht notwendig, die Hallenwand oder eine sehr hohe Umzäunung mit einzubauen. Sie müssen aber aufpassen, Ihr Pferd niemals gegen irgendetwas zu reiten, das es fälschlicherweise für ein Hindernis halten könnte.

- Beginnen Sie mit der Korrektur über sehr kleine Sprünge oder auf dem Boden liegenden Stangen. Dadurch wird es für Sie einfacher, unabhängig zu sitzen, der Aufwand zum Überwinden des Sprunges verringert sich, der Reiter kann deshalb effektiver einwirken.

Springen mit weggedrücktem Rücken

Weshalb springt mein Pferd mit weggedrücktem Rücken?

- Das Springen mit weggedrücktem Rücken, einer Technik, bei der das Pferd mit erhobenem Kopf, gesenktem Rücken und hängendem Bein springt, ist meistens das Ergebnis heftigen Widerstands gegen übertriebenes Zurücknehmen durch den Reiter beim Anreiten oder über dem Sprung. Der häufigste Grund für den Widerstand ist wahrscheinlich dieses Zurückhalten. Bauen Sie keine Barriere auf, gegen die Ihr Pferd ankämpfen kann.

- Falsche Ausbildung in den jungen prägenden Jahren des Pferdes kann den Grundstein für eine schlechte Technik legen, dies ist auch für einen Fachmann nur sehr schwer zu korrigieren.

- Hat das Pferd Angst davor, die Verbindung zum Reiter über dem Sprung anzunehmen, weil ihm dieser ständig im Maul hängt, wird es seinen Kopf nur sehr zöger-

Dieses Foto zeigt ein Hindernis, das aus dem Tempo gesprungen wurde. Es wäre wünschenswert, wenn das Pferd mehr Basküle und weniger Widerstand über dem Sprung zeigen würde.

lich über dem Sprung nach unten nehmen. Das Senken des Kopfes und des Halses über dem Hindernis, macht es dem Pferd möglich, seine Schulter und den Oberarm anzuheben und so den Rücken rund zu machen.

Kann das Springen mit hohlem Rücken weitere Probleme hervorrufen?

▸▸ Die Wahrscheinlichkeit, dass Ihr Pferd dabei eine schlampige Technik entwickelt, wird größer. Sind Kopf und Hals nach oben gestreckt, hängen die Beine mit größter Wahrscheinlichkeit als Gegengewicht nach unten.

▸▸ Bei einem Sprung mit weggedrücktem Rücken ist es für den Reiter schwieriger bequem zu sitzen. Eine rundere und elastischere Technik bietet dem Reiter größere Sicherheit.

▸▸ Ein Pferd, das mit weggedrücktem Rücken über ganz normale Hindernisse springt, wird unausweichlich bei den Sprüngen, die mehr Beweglichkeit erfordern, Schwierigkeiten haben. Hindernisse wie z.B. In-Outs, Tiefsprünge, Coffins etc. verlangen den ständigen mitschwingenden Einsatz von Rücken und Hals.

Wie kann ich die Technik, bei einem Pferd, das mit durchgedrücktem Rücken springt, verbessern?

▸▸ Jede Übung, egal ob beim dressurmäßigen Arbeiten oder beim Springen, die die Elastizität, die Geschmeidigkeit und die Rundung verbessert, wird hilfreich sein.

▸▸ In der dressurmäßigen Arbeit würde ich das Pferd dazu ermuntern, sich vorwärts abwärts zu strecken, damit es im Rücken loslässt und mehr Schulterfreiheit bekommt. Bringen Sie die Hinterhand in Schwung, um etwas mehr Zug auf den Zügel zu bekommen, diese Spannung können Sie nach vorne auflösen, um den Rahmen zu erweitern und die Tritte zu verlängern.

▸▸ Den Einsatz von Trabstangen, Gymnastikreihen und Distanzen sollten Sie sich ergänzend zunutze machen. Der Nutzen einer Reihe liegt darin, dass ein geschmeidiger, vorwärts gerichteter Rhythmus gefestigt wird, dabei wird gleichzeitig die Einwirkung durch die Reiterhand, die versucht, das Gleichgewicht zu erhalten, reduziert. Sobald sich das Pferd erst einmal in der Reihe oder Distanz befindet (eine Reihe besteht normalerweise aus ein bis zwei Galoppsprüngen zwischen den Hindernissen; in einer Distanz können bis zu vier und fünf Galoppsprünge zwischen den Hindernissen liegen), kann man ihm großzügige Halsfreiheit gewähren, vorausgesetzt, die Distanzen sind korrekt ausgemessen. Mit einem vorwärtstreibenden Schenkel sollte der Reiter sein Pferd dabei unterstützen, möglichst dicht am Hindernis abzuheben. Das beeinflusst das Mass der Anstrengung, die für das Pferd erforderlich ist, um Schultern und Beine schnell zum fehlerfreien Überwinden des Hindernisses anzuheben.

▸▸ Legen Sie Galoppstangen, in einem Abstand von ca. 2,7-3,3 m vor dem Absprung auf den Boden, damit Ihr Pferd dicht an den Sprung kommt. Eine Stange im selben Abstand auf der Landestelle auf den Boden gelegt, zwingt das Pferd dazu, auf den Boden zu sehen. Das Senken des Kopfes erschwert das Wegdrücken des Rückens und verbessert die Basküle.

Ausweichen zur Seite

Warum schwimmt mein Pferd über dem Sprung zur Seite?

▸▸ Das Wegschwimmen beim Springen ist in der Regel das Ergebnis von Steifheit oder mangelnder Geschmeidigkeit. Weil das Pferd nur ungern Gewicht mit der Hinterhand aufnehmen und mit einem runden Rücken springen möchte, sucht es nach einer Alternative, um den Sprung fehlerfrei zu überwinden.

▸▸ Das Ausweichen zur Seite, macht es einem weniger beweglichen Pferd leichter, es gibt ihm mehr Zeit, um langsamer in seiner Technik am Sprung zu sein.

Können durch das Wegdriften zusätzliche Probleme entstehen?

▸▸ Ja. Beim Reiten von geraden Linien und Kombinationen können Probleme auftreten. Starkes Wegdriften kann bei schmalen Hindernissen, wie z.B. an Ecken oder Adlerschwingen zum Vorbeilaufen führen.

▸▸ Das Ausweichen zur Seite kann auch auf die Effizienz Ihrer Wendungen vor und nach dem Sprung Einfluss nehmen, und bei Nichtbeachtung führen Steifheit und fehlende Geschmeidigkeit zu einer Verschlechterung der Technik Ihres Pferdes am Sprung.

Ist es möglich, dass ich zum Wegschwimmen meines Pferdes beitrage?

▸▸ Ein wegdriftendes Pferd ist sicherlich das Ergebnis schlechten Reitens. Offensichtlich schiefes Sitzen, das »Aus-dem-Gleichgewicht-bringen« durch den Reiter oder über-

Dieses Pferd schwimmt nach einer Seite weg. Beachten Sie, wie der Reiter bereits über dem Sprung auf die Mitte des nächsten Hindernisses schaut. Auf diese Weise kann er das Problem schneller korrigieren.

triebenes »Zur-Seite-lehnen« über dem Sprung, tragen ihr übriges dazu bei. Das Pferd versucht wahrscheinlich auf diese Weise, die Unzulänglichkeiten seines Reiters auszubalancieren.

▸▸ Versuchen Sie so gerade wie möglich im Sattel zu sitzen, mit dem gleichen Gewicht auf beiden Steigbügeln. Wenn Sie Ihre Augen nach vorwärts aufwärts richten, werden Sie aufmerksam jede Seitenbewegung wahrnehmen.

Welche Übungen sind hilfreich, um dieses Problem zu lösen?

▸▸ Basisübungen der dressurmäßigen Arbeit, die die Geschmeidigkeit verbessern, wie z.B. das Schenkelweichen und laterale Biegearbeit, sind mit Sicherheit hilfreich. Erziehen Sie Ihr Pferd dazu, Ihrem Schenkel gehorsam seitwärts zu folgen, damit wird das Geradestellen und Ausgleichen leichter.

▸▸ Der Versuch, das verbogene Pferd mit Hilfe des Zügels zu korrigieren, hat den selben Effekt, wie eine Wendung im Anreiten oder über dem Sprung. Durch die starke Einschränkung, wird die Basküle des Pferdes oft negativ beeinflusst.

▸▸ Geschieht die Korrektur hauptsächlich durch Ihren Schenkel, können Sie Vorwärtsimpuls und Rhythmus erhalten.

Der Einsatz einzelner Stangen als Führung, um ein Wegschwimmen zur Seite zu verhindern, dient anfangs zur Vorbeugung. Auf lange Sicht kann das Problem damit verbessert oder behoben werden.

Das Zurückkommen vor dem Sprung

Warum kommt mein Pferd vor dem Sprung übertrieben stark zurück?

▸▸ Normalerweise kommt das Pferd vor dem Hindernis zurück, weil es durch irgend etwas beunruhigt ist. Es kann vor dem Hindernis an sich Angst haben oder generell einfach unter einem Mangel an Selbstvertrauen leiden. Vielleicht fühlt es sich unwohl, sieht sich mit zu hohen Anforderungen konfrontiert oder ist einfach widersetzlich.

▸▸ Versuchen Sie genau herauszufinden, welcher der Gründe auf Ihr Pferd zutrifft. Hat es kürzlich einen Rückschlag im Vertrauensaufbau erlitten? Pushen Sie die Entwicklung Ihres Pferdes zu stark? Oder springen Sie zu oft auf hartem Boden?

Ist es möglich, dass ich mit dazu beitrage, dass mein Pferd übertrieben zurückkommt?

▸▸ Das ist sogar sehr wahrscheinlich, wenn Sie in Ihrer eigenen mentalen Einstellung und beim Anreiten zu schwach sind. Achten Sie darauf, nicht mitten in das Hindernis, sondern vorwärts aufwärts zu blicken, um positives Vorwärtsreiten zu verstärken.

▸▸ Seien Sie leicht in Ihrem Sitz, setzen Sie sich nicht schwer in den Sattel und geraten Sie nicht hinter die Bewegung Ihres Pferdes.

▸▸ Versuchen Sie möglichst effizient mit Ihrem Unterschenkel einzuwirken. Versuchen Sie nicht, einen schwachen Schenkel durch vermehrtes Schieben mit Ihrem Gesäß auszugleichen, damit werden Sie den gegenteiligen Effekt erzielen.

▸▸ Achten Sie darauf, während des Sprunges sicher und unabhängig im Gleichgewicht zu sitzen. Jede Unsicherheit von Seiten des Reiters, wie z.B. das Hängenbleiben im Pferdemaul, bestraft das Pferd für seinen guten Willen und kann zu Widersetzlichkeiten führen.

Entgegen der Bemühungen seines Reiters, kommt dieses Pferd vor dem Hindernis mehr zurück, als ihm gut tut. In einem solchen Rahmen, mit einer weit vorgestreckten Nase, fehlt ihm der nötige Impuls und die erforderliche Kraft, um das Hindernis erfolgreich zu überwinden.

Kann ich das Problem durch das Training korrigieren?

▸▸ Wie immer, wird die dressurmäßige Arbeit dabei helfen, ein Problem beim Springen zu überwinden. Bemühen Sie sich, den effektivsten, versammelten Galoppsprung zu entwickeln, um möglichst viel Antriebskraft (gespeicherte Energie) zu bekommen. Das Maß, indem Sie in der Lage sind, die Galoppsprünge Ihres Pferdes jederzeit zu verlängern, steht in direkter Relation zur tatsächlichen Versammlung.

▸▸ Arbeiten Sie an einer blitzschnellen Reaktion Ihres Pferdes auf Ihren Schenkel. Es sollte nicht nötig sein, Ihr Pferd fortwährend in Gang zu halten und ständig an die Bereitschaft, vorwärts zu gehen, zu erinnern. In Ausnahmefällen ist es vielleicht erforderlich, eine Gerte als Verstärkung Ihrer Schenkelhilfen einzusetzen, um mehr Respekt vor Ihrem Schenkel zu schaffen.

▸▸ Überfordern Sie Ihr Pferd im Training nicht. Stärken Sie sein Selbstvertrauen mit niedrigeren Sprüngen. Bauen sie immer einladende Hindernisse. Inkorrekte Grundlinien sind nicht zu empfehlen. Bauen Sie leicht ansteigende Weitsprünge, die Ihr Pferd bereits beim Anreiten und später über dem Hindernis nach vorne ziehen.

▸▸ Verwenden Sie gymnastische Übungen und Sprungreihen, die die Vorwärtstendenz unterstützen. Beginnen Sie dabei mit Distanzen, die für Ihr Pferd anfangs sehr angenehm sind, aber nicht zu weit. Sobald ein positiver Rhythmus und das Selbstvertrauen etabliert sind, können Sie langsam damit beginnen, die Anforderungen durch geringfügiges Verlängern der Distanzen zu erschweren.

▸▸ Denken Sie immer daran, beim Verlängern der Galoppsprünge im Arm elastisch zu bleiben. Fixieren Sie Ihre Hand nicht am Widerrist und treiben Sie nicht einfach mehr mit dem Schenkel, das wird lediglich schnellere und keine längeren Galoppsprünge zu Folge haben.

Führt das Zurückkommen zu größeren Problemen?

▸▸ Wie in beinahe jedem Fall wird auch hier ein unkorrigiertes Problem zu größeren Schwierigkeiten beim Reiten von Kombinationen oder Distanzen führen.

▸▸ Beim Anreiten von Geländesprüngen, die beherztes und großes Zuspringen erfordern, darf Ihr Pferd nicht zurückkommen. Das Zurückkommen bei einem breiten Graben mit einer kleinen Bürste dahinter, wäre ausgesprochen unangenehm.

Nachlässige Technik am Sprung

Ist es möglich, die Nachlässigkeit meines Pferdes zu verbessern?

▸▸ Bis zu einem gewissen Grad schon. Man kann ein Pferd im Laufe der Ausbildung vorsichtiger machen. Die Wahrscheinlichkeit, dass Ihre Turnierkarriere erfolgreich verläuft, ist aber bei einem von Natur aus vorsichtigen Pferd, wesentlich größer.

▸▸ Bei der Auswahl eines potentiellen Turnierpferdes sollten Sie auf seine natürliche Vorsicht und eine einigermaßen korrekte Springtechnik achten.

Wie kann ich mein Pferd vorsichtiger machen?

▸▸ Versuchen Sie als erstes herauszufinden, wo die Schwäche Ihres Pferdes liegt. Lässt es die Vorhand hängen und produziert es durch diese Unvorsichtigkeit Fehler?

▸▸ Ist es langsam und schlampig mit seiner Hinterhand? Klemmt es die Hinterhand ein statt sie geschmeidig einzuziehen?

▸▸ Achten Sie auch auf das Gleichgewicht Ihres Pferdes. Vergewissern Sie sich, ob es nicht auf Ihrer Hand liegt, auf der Vorhand läuft, zu langsam oder zu schnell geht oder den Rücken wegdrückt.

▸▸ Sobald die Probleme erkannt sind, kann man bestimmte Übungen zur Korrektur des Problems vornehmen (siehe unten).

▸▸ Es empfiehlt sich in allen Fällen bei einer nachlässigen Technik, mit stabilem und solidem Hindernismaterial zu arbeiten. Mickrige und leichte Materialien verlangen dem Pferd keinen Respekt ab.

▸▸ Unerfahrene Pferde können am Anfang ihrer Ausbildung sogar mit festen Geländehindernissen konfrontiert werden.

▸▸ Versuchen Sie Ihr Pferd beim Anreiten im Gleichgewicht zu halten, aber reiten Sie nicht zu vorsichtig an den Sprung.

▸▸ Richten Sie Ihr Hauptaugenmerk auf das Selbstvertrauen Ihres Pferdes, damit es sich nicht zu stark auf Ihr präzises Anreiten verlässt. Am besten eignen sich hierfür Hindernistypen wie Baumstämme, Wälle und Gräben etc.

Welche Übungen sind hilfreich?

▸▸ Das Arbeiten mit Stangen, wie z.B. über Cavaletti oder das Galoppieren über eine Stange (S. 117) hilft, Ihr Pferd körperbewusster zu machen.

▸▸ Niedrige In-Outs (S. 100) und Gymnastikreihen (S. 113–116) machen das Pferd

Eine großzügig platzierte Stange als Grundlinie hilft das Pferd vom Hindernis wegzubringen, dadurch hat es mehr Zeit, seine Technik zu verfeinern. Sie hilft dem Pferd auch dabei, über dem Hindernis an Höhe zu gewinnen.

beweglicher und reaktionsschneller. Auch hier sollte das Pferd dazu ermutigt werden, auf sich selbst aufzupassen. Dies muss aber aus dem Verständnis geschehen, dass man sein Pferd auch ohne das Springen von unnötig hohen Hindernissen vorsichtig machen kann.

▸▸ Liegt die Schwäche primär im Vorderbein Ihres Pferdes, können Sie Übungen mit V-Stangen und diagonalen Stangen auf einem Oxer einbringen (S. 102–103).

▸▸ Versuchen Sie mit energischen, dynamischen Galoppsprüngen vorwärts zu reiten: Anstatt das Pferd lang und flach vor sich hinlaufen zu lassen, ist es besser, die Galoppsprünge zu versammeln.

▸▸ Kommt die Nachlässigkeit aus der Hinterhand, sollte Wert darauf gelegt werden, den Sprungablauf geschmeidiger zu machen und dabei eine akzentuierte Basküle zu unterstützen. Eine nützliche Übungen hierzu finden Sie auf Seite 111.

Widersetzlichkeit

Was sind in der Regel die Gründe für die Widersetzlichkeit?

▸▸ Widersetzlichkeit ist häufig die Reaktion auf Angst und Verwirrung.

▸▸ Normalerweise ist es die Quittung für zuviel Druck, der in einer Zeit des Missverstehens und der Beunruhigung auf das Pferd ausgeübt wurde.

▸▸ Einige Pferde lernen schlussendlich die Widersetzlichkeit als Fluchtmittel vor dem Nachgeben einzusetzen und legen dabei außerordentlichen Ungehorsam und Sturheit an den Tag. Aber sogar diese Reaktion hat sich ursprünglich aus dem fehlendem Verständnis für die Wünsche des Reiters entwickelt.

Wie kann ich die Widersetzlichkeit meines Pferdes unterbinden?

▸▸ Sie müssen Ihr Pferd durch systematisches Vereinfachen Ihrer Kommandos und

Ein junges Pferd zeigt Widerstand vor dem ersten Hindernis im Gelände.

Ihrer Hilfengebung erziehen. Versuchen Sie, nicht zu viele Dinge auf einmal mitzuteilen, machen Sie stattdessen Ihre Bedürfnisse klar verständlich.

▸▸ Steigt und widersetzt sich Ihr Pferd vor einem Hindernis oder bei einem anderen Problem, sollten Sie nicht versuchen, Stärke zu beweisen, indem Sie Ihr Pferd auf der Stelle herumdrehen und erneut anreiten. Überlisten Sie Ihr Pferd lieber, indem Sie es am Davonlaufen hindern. Ist dies erreicht, drehen Sie Ihr Pferd um, danach reiten Sie vorwärts geradewegs in die gewünschte Richtung.

▸▸ Versuchen Sie immer sich selbst in die Lage zu bringen, in der ein Sieg möglich ist. Dann können Sie jeden Fortschritt belohnen und damit eine bereitwilligere Einstellungen in Ihrem Pferd aufbauen.

▸▸ Denken Sie bei einem Pferd, das zur Widersetzlichkeit neigt, voraus. Reiten Sie z.B. auf keinen Fall tief in eine Ecke beim Ausgang, sonst müssen Sie eine scharfe Wendung reiten und verlieren den Vorwärtsimpuls. In diesem Fall wäre eine weichere und flachere Wendung mit etwas mehr Vorwärtsbewegung empfehlenswert.

▸▸ In ganz extremen Fällen kann Hilfestellung durch einen erfahrenen Helfer am Boden von Vorteil sein. Der Helfer oder die Helferin können Sie unterstützen, indem sie hinter dem Pferd gehen und es daran hindern, vor Ihren Wünschen davonzulaufen. Die Helfer müssen aber sehr sorgfältig darauf achten, sich nicht in Gefahr zu begeben.

▸▸ Geraten Sie im Umgang mit einem widersetzlichen Pferd nicht in Panik oder Hektik. Nehmen Sie sich Zeit und stellen Sie sich darauf ein, in aller Ruhe auszuharren. Ist eine deutliche Zurückweisung erforderlich, muss sie klar und präzise erfolgen. Setzen Sie Ihre Gerte nicht unintelligent ein, z.B. in dem Moment, in dem Ihr Pferd davonläuft und die Kontrolle übernimmt. Versuchen Sie die Gerte – wie immer – zur Unterstützung der Schenkelhilfen einzusetzen. In der Erziehung des Pferdes gibt es beim Deutlichmachen von Richtig oder Falsch nur Schwarz oder Weiß. Pfuschen Sie nicht herum und setzen Sie Ihre Hilfen nicht kreuz und quer ein. Sie müssen jedoch eine positive Reaktion Ihres Pferdes augenblicklich und schnell belohnen.

▸▸ Sollten Sie unerfahren sein, bzw. sich in einem ständigen Kampf mit Ihrem Pferd befinden und dabei regelmäßig frustriert werden, sollten Sie sich erfahrene Hilfe suchen. Vielleicht verschlimmert eine gewisse Unsicherheit in Ihrem Sitz in diesem Moment die Situation zusätzlich.

▸▸ Widersetzlichkeit kann sehr schnell zu einer unangenehmen Angewohnheit werden, erlernt als Variante des Ungehorsams von einem unwilligen Pferd. Es kann sogar so weit führen, dass das Pferd beim Verlassen des Stalles oder der Gesellschaft anderer Pferde (z.B. beim Ausreiten) steigt. Hat Ihr Pferd erst einmal gemerkt, dass es sich durch das erfolgreiche Drücken vor dem Gehorsam, Dominanz verschaffen kann, wird sehr viel Durchhaltevermögen und Geduld zum Überwinden dieses Problems vom Reiter erforderlich.

Über dem Sprung stehen bleiben

Verliert das Pferd über dem Hindernis deutlich an Tempo oder Vorwärtsbewegung, spricht man vom Stehenbleiben in der Luft.

Warum bleibt das Pferd in der Luft stehen?

▸▸ Mangelndes Vertrauen. Es ist entweder durch das Hindernis beunruhigt oder aber vom Reiter verunsichert, der entweder zu schwach ist oder seinem Pferd zu wenig Freiraum für einen flüssigen Sprung gibt.

▸▸ Ein Pferd, das beim Anreiten den Impuls verliert oder mit zu wenig »Dampf« unterwegs istverhält sich gerne über dem Sprung.

▸▸ Auch Pferde, die hinter den Schenkel ihres Reiters kommen, neigen dazu, in der Luft stehenzubleiben.

Ist dieses Phänomen auch dann ein Problem, wenn mein Pferd die Hindernisse fehlerfrei überwindet?

▸▸ Ja. Vor allem bei höheren Hindernissen oder bei Sprüngen, die einigermaßen breit sind. Bei ungewöhnlichen Hindernissen, wie z.B. Gräben oder einem Pulvermanns Grab, verstärkt sich dieser Effekt noch.

▸▸ Das Stehenbleiben über Einzelsprüngen führt unausweichlich bei Kombinationen oder Distanzen zu größeren Problemen. Möchte man beim Reiten einer Distanz Rhythmus, Balance und ein gleichmäßiges Tempo erhalten,ist der erste Galoppsprung in die Distanz der Wichtigste.

▸▸ Ein deutlich verkürzter erster Galoppsprung nach einem verhaltenen Sprung ist in einer weiten Kombination oder in einer Aufgabenstellung, die Zureiten erfordert, sicherlich nicht hilfreich.

Wie kann ich ein Stehenbleiben in der Luft vermeiden?

▸▸ Blicken Sie oben auf das Hindernis oder auf einen Punkt dahinter. Was auch immer Sie tun, schauen Sie niemals auf die Grundlinie des Sprunges.

▸▸ Denken Sie voraus. Versuchen Sie den Impuls beim Anreiten leicht zu verstärken und sogar den Galoppsprung leicht zu verlängern. Behalten Sie einen starken, treibenden Schenkel bei.

Was kann ich sonst noch tun, um dieses Problem zu lösen?

▸▸ Achten Sie in der dressurmäßigen Arbeit darauf, dass Ihr Pferd nicht hinter Ihren Schenkel kommt. Es sollte seinen eigenen

Motor benutzen und nicht ständig ans Vorwärtsgehen erinnert werden müssen.

▸▸ Das häufige Üben von Übergängen, das Verlängern der Galoppsprünge und die Beschleunigung der Reaktionsfähigkeit sind besonders hilfreich.

▸▸ Der sichere Sitz und ein effektiver Schenkel sind wichtig. Mit einem schlechten Sitz oder einem lockeren Schenkel ist es schwierig, den Vorwärtsimpuls über dem Sprung zu erhalten.

▸▸ Ein erfahrenerer Reiter kann beim Absprung zur Unterstützung die Gerte behutsam direkt hinter dem Schenkel einsetzen. Sie dient, immer hinter dem Schenkel eingesetzt, als Verlängerung des Schenkels. Die Zügel werden dafür in eine Hand genommen, die Gertenhand bleibt frei. Diese Assoziation mit dem Bein erzieht das Pferd, den Schenkel des Reiters in Zukunft zu respektieren. Solange der unabhängige, ausbalancierte Sitz noch nicht gefestigt ist und Geraderichtung und Einwirkung nicht gesichert sind, sollte ein unerfahrener Reiter die Gerte nicht verwenden.

▸▸ Beständiges Wiederholen in aller Ruhe kuriert dieses Problem bei einem unerfahrenen oder misstrauischen Pferd.

▸▸ Hat das Pferd über dem Sprung an Impuls und Schwung verloren, muss der Reiter bereits im Moment der Landung deutlich vorwärts treiben. Das wird das Pferd lehren, dass der eigentliche Sprung nicht das Ende der Mühen und der Übung bedeutet, sondern gerade die Halbzeit.

Um das Pferd daran zu hindern, über dem Sprung in der Luft stehen zu bleiben oder um es mutiger zu machen, kann ein erfahrener Reiter beim Absprung die Gerte hinter seinem Schenkel einsetzen.

Bückeln und Steigen

Grundsätzlich können diese Unarten überhaupt nur gezeigt werden, wenn das Pferd nicht bestimmt und mit Schub aus der Hinterhand vorwärts geht.
Mit Ausnahme von Fällen extremer Angst, handelt es sich beim Steigen und Buckeln um Untugenden, die das Pferd entwickelt hat, um sich dem Unterordnen zu entziehen.

Was kann ich tun, wenn mein Pferd steigt?

- Ziehen Sie nicht am Zügel. Das führt dazu, dass es sich heftig gegen Ihre Hand wehrt und noch mehr steigt.

- Halten Sie sich notfalls an seiner Mähne fest, dann sitzen Sie sicherer und bleiben im Gleichgewicht. Das Festhalten am Zügel, um das eigene Gleichgewicht zu halten, bringt das Pferd aus seiner Balance und kann dazu führen, nach hinten umzukippen und auf Sie zu fallen.

- Legen Sie einen Halsriemen oder ein Vorderzeug an, wenn Sie damit rechnen, dass das Problem wieder auftritt. Daran können Sie sich gegebenenfalls festhalten.

- Reiten Sie so bestimmt vorwärts wie nur irgend möglich und geben Sie immer nur ein Kommando, um Ihr Pferd nicht zu verwirren. Setzen Sie Hand und Schenkel nicht gegeneinander ein, ziehen und treiben sie nicht gleichzeitig, lockern Sie den Druck der Hand und kommen Sie vor allem mit dem Schenkel.

- Greifen Sie, falls erforderlich, energisch durch, aber schlagen Sie Ihr Pferd niemals auf den Kopf. Sie würden es immer bereuen, sollten Sie Ihr Pferd an der empfindlichsten Stelle seines Körper, vor allem an den Augen, verletzen. Setzen Sie die Gerte ausschließlich hinter Ihrem Schenkel ein und reagieren Sie schnell auf eine positive Reaktion.

- Wiederholter Erfolg auf Seiten Ihres Pferdes wird sich sehr schnell in schlechten Angewohnheiten manifestieren und muss deshalb auf der Stelle unterbunden werden.
Wenn Sie Angst haben oder das Gefühl, mit dem Problem nicht allein fertig zu werden, empfiehlt es sich, jemand um Hilfe zu bitten, der damit Erfahrung hat. Ein Sieg des Reiters als Folge selbstsicheren und systematischen Reitens, beseitigt das Problem oft sehr schnell.

Die Reiterin geht mit diesem steigenden Pferd korrekt um. Sie zieht nicht an den Zügeln sondern versucht, das Pferd vorwärts zu reiten.

Was muss ich tun, wenn mein Pferd buckelt?

▸▸ Ihr primäre Aufgabe ist es, den Pferdekopf oben zu halten. Mit tiefem Kopf buckelt sich Ihr Pferd wesentlich leichter und auch deutlich effektiver. Da Ihr Pferd aufgrund seiner Stärke im Vorteil ist, müssen Sie unter Umständen ziemlich viel Kraft aufwenden, um es am Senken des Kopfes zu hindern.

▸▸ Versuchen Sie vorwärts zu reiten, auch wenn es gegen Ihren Instinkt geht, der Sie wahrscheinlich am liebsten sofort durchparieren lassen würde. Nur so können Sie Ihr Pferd durch das Problem arbeiten und richtig erziehen, statt lediglich zu versuchen, diese Untugend zu verhindern.

▸▸ Passen Sie auf, dass spielerischer Übermut nicht zu ernsthaftem Buckeln wird. Das passiert oft beim Durchparieren des Pferdes nach dem Sprung. Reiten Sie zuerst vorwärts, bevor Sie einen korrekten Übergang nach unten reiten.

2 Probleme beim Reiter

Verlust des Gleichgewichts

Welche Methode ist am effektivsten, um im Gleichgewicht zu bleiben?

▸▸ Selbst ein unabhängiges Gleichgewicht zu entwickeln. Die Sicherheit Ihres Sitzes sollte vollkommen unabhängig vom Pferd sein.

▸▸ Es ist entscheidend, Ihre Balance auf den Steigbügel zu konzentrieren, mit Ihrem Gewicht im Unterschenkel. Ihr Gewicht sollte niemals im Pferdemaul oder Pferderücken liegen. Halten Sie sich immer mit den Waden fest und nicht mit Ihrem Knie. Das Festklammern mit dem Knie vermindert den Kontakt mit Ihrem Unterschenkel und verhindert, dass Ihr Gewicht in Ihrem Absatz liegt.

▸▸ Zur Unterstützung muß der Unterschenkel immer unter Ihrem Schwerpunkt bleiben.

▸▸ Ihr Hosenboden wird Ihnen relativ wenig Sicherheit bieten. Wenn Sie im Sattel sitzen bleiben, werden Sie durch den Schwung des Pferdes am Sprung aus dem Sattel gehoben oder bleiben dadurch hinter der Bewegung.

Was sollte mein Oberkörper über dem Hindernis tun?

▸▸ Sehr wenig. Versuchen Sie sich verhältnismäßig ruhig zu halten. Wenn Sie den Sprung im leichten Sitz mit einer Neigung Ihres Oberkörpers von ungefähr 45° anreiten, müssen Sie lediglich leicht Ihre Hüfte beugen.

▸▸ Werfen Sie Ihre Schultern beim Absprung nicht nach vorne, das kann Ihr Pferd zum Abtauchen bringen oder flach springen lassen. Zusätzlich lässt es Ihren Schenkel nach hinten rutschen, Sie verlieren Ihre Unterstützung und Ihre Sicherheit. Außerdem kommen Sie in die Gefahr, vor die Bewegung zu geraten oder bei einer Verweigerung herunter zu fallen.

▸▸ Lehnen Sie sich nicht übertrieben nach einer Seite. Das ist ein Habitus, den man sich sehr leicht angewöhnt. Versuchen Sie immer gerade im Sattel zu bleiben.

Wie kann ich mein Gleichgewichtsverhalten verbessern?

▸▸ Schauen Sie nach oben, das wird Ihnen enorm helfen, mit der Bewegung zu gehen. Wenn Sie auf den Boden sehen, verlieren Sie die Orientierung.

Beide Bilder zeigen Reiter und Pferde in unangenehmen Momenten. Die Reiterin rechts befindet sich in einer besonders prekären Situation: Vor der Bewegung, mit sehr viel Luft zwischen sich und dem Sattel. Wenigstens schaut sie nach oben und stört das Gleichgewicht ihres Pferdes nicht. Dadurch hat sie eine reelle Chance.

Es sieht so aus, als wäre dieses Pferd mit viel Schwung gesprungen und hat deshalb seine Reiterin ein wenig hinter die Bewegung kommen lassen. Ihr Unterschenkel liegt vor ihrem Schwerpunkt und bietet dem Reiter keine gute Stütze, um unabhängig im Gleichgewicht zu sitzen. Die Reiterin scheint nach hinten zu fallen und sich am Zügel festzuhalten, um im Gleichgewicht zu bleiben.

▸▸ Trainieren Sie in der normalen Arbeit Ihren unabhängigen Sitz mit dem Zwei-Punkt-Sitz. Stellen Sie Ihre Steigbügel in der dressurmäßigen Arbeit auf Springlänge ein und gehen Sie im Trab und im Galopp in den Springsitz. Stellen Sie sich dabei in den Steigbügel und bleiben Sie nicht in den Sattel. Wenn Sie im Trab nicht in der Lage sind unabhängig im Gleichgewicht zu bleiben, sind Sie es über dem Sprung auch nicht. Das ist ein einfacher, aber aufschlussreicher Test.

Ein guter Geländesitz. Der Unterschenkel gibt Sicherheit, das Gewicht liegt in den Absätzen. Die Schultern sind aufgerichtet, damit wird das »nach vorne fallen« verhindert, das Pferd bekommt aber dennoch genügend Bewegungsfreiheit. Beachten Sie, dass die Zügel aussehen, als wäre sie die Verlängerung des Reiterarms.

▸▸ Wenn Sie oft in den Sattel zurückplumpsen, müssen Sie Ihren Unterschenkel mehr zurücknehmen. Fallen Sie ständig nach vorne, müssen sie Ihren Unterschenkel nach vorne bringen, das Knie entspannen und als zusätzliche Sicherheit mehr Gewicht in Ihren Absatz verlagern.

▸▸ Stützen Sie Ihr Gewicht nicht auf den Händen, oder noch schlimmer auf dem Pferdemaul ab.

»Das Pferd fallenlassen«

Was ist damit gemeint?

▸▸ Wenn ein Reiter unmittelbar vor dem Hindernis die Anlehnung aufgibt, damit die Balance und Versammlung seines Pferdes verliert und die Verbindung und die nötige Unterstützung durch die Hand fehlt.

Warum ist es so schlimm, das Pferd fallen zu lassen?

▸▸ Auf lange Sicht kann es zum Verweigern führen. Wenn das Pferd kurz vor dem Absprung seine Balance verliert, verliert es unweigerlich auch sein Vertrauen.

▸▸ Lässt man das Pferd auf die Vorhand fallen, ist dies einem guten Sprung niemals förderlich. Sie müssen ihm helfen, sein Gleichgewicht zu halten und sicherstellen, dass sein eigenes Körpergewicht beim Anreiten auf der Hinterhand liegt, damit es sich beim Sprung leichter mit seinem Hinterbein vom Boden abstoßen kann.

▸▸ Der Verlust der Verbindung zwischen Schenkel und Hand führt zum Verlust von Impuls.

▸▸ Denken Sie daran, dass die Definition von Impuls »gespeicherte Energie« ist. Das Wegwerfen der Hand schaltet den Motor aus, dadurch kann keine Kraft freigesetzt werden.

Wie kann ich dieses Phänomen vermeiden?

▸▸ Versuchen Sie beim Anreiten eine angenehme Verbindung zum Pferdemaul zu halten.

▸▸ Bleiben Sie in den Ellbogen elastisch, dadurch ist gewährleistet, dass die Verbindung nicht zu starr ist.

▸▸ Vermeiden Sie Schlaufen in Ihren Zügeln.

▸▸ Blicken Sie beim Anreiten immer nach oben auf das Hindernis oder auf einen Punkt dahinter – aber nicht auf die Grundlinie.

▸▸ Reiten Sie immer vorwärts, in einer kontrollierten Verbindung zum Pferdemaul, halten Sie dabei Ihr Pferd vor Ihrem Schenkel.

▸▸ Arbeiten Sie an Ihrem eigenen Gleichgewichtsvermögen. Fallen Sie am Sprung nicht nach vorne, werfen Sie die Zügel nicht weg. Lassen Sie Ihre Schultern aufgerichtet.

Hinter der Bewegung bleiben

Warum bleibe ich am Sprung hinter der Bewegung?

▸▸ Das Hängenbleiben hinter der Bewegung am Sprung indiziert in der Regel, daß der Reiter nicht unabhängig im Gleichgewicht ist. Es ist sehr oft das Ergebnis davon, dass der Reiter beim Anreiten zu weit hinten im Sattel sitzt und das Gewicht des Oberkörpers zu weit hinter dem Schenkel hat. Diese Position gibt dem Unterschenkel zu wenig Stabilität um eine gute und verlässliche Unterstützung zu sein.

▸▸ Möglicherweise kommt das Hängenbleiben von zu niedrigem Grundtempo beim Anreiten. Während das Pferd versucht, das Hindernis zu überwinden, wird der Schub nach vorne verstärkt, dabei kommt der Reiter aus dem Sattel.

Welche gravierenden Probleme entstehen aus dem Hängenbleiben hinter der Bewegung?

▸▸ Das Hängenbleiben im Pferdemaul während des Sprunges ist wahrscheinlich das schwerwiegendste Problem. Unausweigerlich wird das Pferd dadurch so erschrecken, dass es aus Angst vor dem Absprung beim nächsten Mal verweigert.

▸▸ Möglicherweise wird es durch den Reiter, der über dem Hindernis sein Gleichgewicht verliert, so verängstigt, dass es bei der Landung heftig reagiert und davonstürmt oder

Das Foto auf der linken Seite zeigt einen Reiter, der unglücklicherweise hinter der Bewegung hängt. Die zweite Kombination macht über demselben Sprung ein wesentlich harmonischeres Bild.

deutlich abbremst. Das kann natürlich bei Kombinationen und Distanzen zu größeren Schwierigkeiten führen. (Siehe Probleme beim Pferd – Losstürmen nach dem Hindernis S. 17–19)

Eine nützliche Übung, um das unabhängige Gleichgewicht des Reiters zu schulen, ist das Reiten im Zwei-Punkt-Sitz (siehe Text).

Wie kann ich sicherstellen, nicht hinter der Bewegung zu bleiben?

▸▸ Arbeiten Sie an Ihrem eigenen Gleichgewichtsvermögen, vor allem an der Basis der Unterstützung – an Ihrem Unterschenkel – und nicht an Ihrem Hosenboden.

▸▸ Versuchen Sie im Zwei-Punkt-Sitz zu reiten. Stellen Sie Ihre Steigbügel bei der dressurmäßigen Arbeit auf Springlänge ein, geben Sie die Verbindung zum Sattel auf und nehmen Sie Ihr ganzes Gewicht mit dem Steigbügel auf. Bleiben Sie auch im Trab dem Sattel fern (also nicht aussitzen oder Leichttraben). Auch wenn Sie nicht mehr mit Ihrem Sitz einwirken können, darf das korrekte Gehen des Pferdes nicht verlorengehen. Erhalten Sie sein Gleichgewicht und Ihre Einwirkung.

▸▸ Wenn Sie bei dieser Übung ständig nach hinten fallen, müssen Sie Ihren Unterschenkel weiter nach hinten bringen, um bessere Basisunterstützung zu haben. Fallen Sie nach vorne, liegt Ihr Unterschenkel bereits zu weit hinten und Ihre Schulter wahrscheinlich zu weit vorne.

▸▸ Schauen Sie beim Anreiten – wie immer – nach vorwärts-aufwärts.

▸▸ Versuchen Sie beim Anreiten nicht hinter den Schwerpunkt Ihres Pferdes zu kommen. Neigen Sie Ihren Oberkörper in einem Winkel von 45° leicht nach vorne, dann sind Sie besser zum Absprung bereit, wenn das Pferd abhebt.

▸▸ Stellen Sie sicher, dass das Anreiten in einem guten Rhythmus mit ausreichend Schwung geschieht, damit das Hindernis leicht und ohne zusätzliche Beschleunigung in letzter Minute überwunden werden kann.

Gerade sitzen

Wie kann ich das gerade Sitzen sicherstellen?

▸▸ Schauen Sie immer nach vorwärts-aufwärts. Wenn Sie auf den Boden sehen, verlieren Sie die Orientierung und Ihr Gleichgewicht. Das ist für den eigentlichen Sprung genauso wichtig wie für das Anreiten. Ihr Blick soll durch die Pferdeohren hindurchgehen.

▸▸ Vergewissern Sie sich, ob Ihre Steigbügel gleichlang sind und Ihr Gewicht gleichmäßig auf beide Bügel verteilt ist.

▸▸ Halten Sie Ihre Schulter parallel zur Schulter Ihres Pferdes. Beim Reiten durch eine Kurve z.B. drehen Sie Ihren ganzen Oberkörper von der Hüfte aufwärts so, dass Ihre äußere Schulter vor der inneren Schulter liegt. Drehen Sie sich nicht gegen die Bewegung. Beim Geradeausreiten sind beide Schultern wieder auf einer Höhe.

▸▸ Bringen Sie Ihre innere Schulter nicht tiefer als die äußere, knicken Sie nicht in der inneren Hüfte ein.

▸▸ Es ist völlig unnötig, sich während des Sprunges nach einer Seite zu lehnen. Beugen Sie die Hüfte bewusst in aller Ruhe ab der Hüfte gerade nach vorne, ohne sichtbare Übertreibung.

Kann ich mein Pferd durch schiefes Sitzen beeinträchtigen?

▸▸ Mit beinahe hundertprozentiger Sicherheit wird das Pferd dadurch ebenfalls schief. Um Ihre Schwächen zu kompensieren, wird es die Hinterhand seitlich verschieben, vor allem deshalb, weil, ein schief sitzender Reiter normalerweise auch eine ungleiche Verbindung zum Pferdemaul hat.

▸▸ Jede sichtbare einseitige Gewichtsverlagerung des Reiters über dem Sprung bringt das Pferd aus dem Gleichgewicht. Als Reaktion darauf wird es mit großer Wahrscheinlichkeit in der Luft die Richtung ändern.

▸▸ Aufgrund seiner eigenen Unbeweglichkeit kann ein schief sitzender Reiter sein Pferd steif machen.

Diese Reiterin sitzt wahrscheinlich deshalb schief, weil sie beim Absprung die Gerte eingesetzt hat. Dank seiner guten Ausbildung bleibt das Pferd aber kerzengerade.

Die schlechte Landung

Wieso verliere ich bei der Landung meinen Sitz?

▸▸ Mit großer Wahrscheinlichkeit fangen Sie die Wucht der Landung nicht mit dem Steigbügel auf, sondern klammern sich übertrieben mit Ihrem Knie fest.

▸▸ Das kann passieren, wenn der Reiter seine Schulter am Sprung nach vorne wirft und der Unterschenkel nach hinten rutscht. Tatsächlich ist es genauso, als würden Sie von einer Plattform springen und auf Ihren Knien landen.

Wie kann ich diese Schwäche verbessern?

▸▸ Arbeiten Sie an Ihrem unabhängigen Gleichgewicht. Arbeiten Sie in der dressurmäßigen Arbeit an Ihrem Zwei-Punkt-Sitz (S. 39). Verlagern Sie Ihr Gewicht in Ihren Absatz und stärken Sie so Ihren Unterschenkel. Achten Sie darauf, dass Ihr Unterschenkel unter Ihrem Schwerpunkt bleibt und nicht dahinter, um die größtmögliche Unterstützung bieten zu können.

▸▸ Vergewissern Sie sich, dass Ihre Steigbügel nicht zu lang sind. Um die Wucht der Landung abfangen zu können, muss Ihr Knie ausreichend abgewinkelt sein. Gleichfalls darf der Steigbügel aber nicht zu kurz sein, sonst wird zuviel Gewicht in den Sattel verlagert.

▸▸ Halten Sie Ihre Schulter während des Sprunges ruhig. Etwas mehr aufgerichtet ist besser, als zu tief.

▸▸ Sehen Sie immer nach oben. Wenn Sie auf den Boden schauen, verlieren Sie die Orientierung und die Balance.

Weil diese Reiterin die Wucht der Landung nicht mit ihrem Steigbügel abfängt, sondern sich stattdessen mit dem Knie festhält und den Unterschenkel nach hinten rutschen lässt, landet sie schlecht und ist nicht mehr in der Lage, ihrem Pferd beim Einsprung ins Wasser zu helfen.

Das Reiten mit zu langen Steigbügeln hilft weder Ihrer Sicherheit noch Ihrer Balance. Es verschlechtert Ihren Sitz und lässt Sie vielmehr im Sattel herumrutschen.

Kann meine Schwäche beim Landen das Pferd beeinträchtigen?

▸▸ Ja. Es kann durch Ihre Unsicherheit verängstigt werden und anfangen, vor der unangenehmen Erfahrung davonzulaufen. Dadurch entstehen Schwierigkeiten bei der Einwirkung. Alternativ dazu, geht Ihr Pferd vielleicht gar nicht mehr vorwärts, weil es sich durch den Verlust der Reiterbalance behindert oder verunsichert fühlt.

▸▸ Während der ersten Galoppsprünge nach der Landung kann das Gleichgewicht des Pferdes ebenfalls durcheinander sein, was das rhythmische Reiten von Kombinationen oder Distanzen erschwert. Hier braucht das Pferd Ihre Unterstützung.

▸▸ Beim Reiten von schwierigeren Hindernissen wie Tiefsprüngen oder In-Outs wird dieses Problem noch größer.

Stürze

Wie kann ich einen Stürz vermeiden?

▸▸ Unglücklicherweise werden Sie die Möglichkeit, gelegentlich unfreiwillig den Sattel verlassen zu müssen, nie ganz ausschließen können. Stürze gehören zum Reiten.

▸▸ Gehen Sie aber niemals von einem Sturz aus, sondern setzen Sie sich immer mit einer positiven Einstellung auf das Pferd. Bleiben Sie vernünftig und meiden Sie unnötiges Risiko. Entwickeln Sie den Sitz, der für Sie am effektivsten ist, richten Sie Ihren Focus dabei auf einen sicheren Unterschenkel und ein gutes unabhängiges Gleichgewicht. Für Ihr eigenes Gleichgewicht ist es enorm hilfreich, wenn Sie nach oben sehen. Wenn Sie auf den Boden sehen, verlieren Sie die Orientierung.

Gibt es irgendetwas, das ich während eines Sturzes tün kann?

▸▸ Erste Priorität muß es sein, weitere Gefahr zu vermeiden und die Störung möglichst gering zu halten.

▸▸ Manche Stürze werden Sie vollkommen unvorbereitet erwischen. In einem solchen Fall können Sie relativ wenig tun, in anderen Fällen, haben Sie aber noch die Möglichkeit zu reagieren, auch wenn der Sturz einem Zuschauer vielleicht sehr plötzlich erscheinen mag.

Stürze sind unvermeidlich. Haken Sie einen Sturz schnell ab und konzentrieren Sie sich auf das nächste Hindernis.

›› Versuchen Sie weit weg von Ihrem Pferd zu landen. Verheddern Sie sich nicht in den Pferdebeinen, weil Sie sich festhalten möchten, obwohl es bereits zu spät ist.

›› Bei einem langsamen Sturz können Sie in den meisten Fällen mit Ihrem Körper einwirken. Rollen Sie sich zu einer festen Kugel zusammen, dann können Sie bei der Landung wegrollen. Durch gekonntes Fallen, kann man sich oft vor Verletzungen schützen.

Was muss ich nach einem Sturz beachten?

›› Vergewissern Sich sofort, ob Sie und Ihr Pferd unversehrt geblieben sind. Gehen Sie vor allem bei der Untersuchung Ihres Pferdes gründlich vor.

›› Sind beide unverletzt, sollten Sie wieder aufsteigen, vor allem im Training. Auf dem Turnier möchten Sie vielleicht nicht unbedingt weiterreiten (obwohl das Beenden zufriedenstellend ist), es wäre aber gut, wieder aufzusteigen und ein Stück zu galoppieren oder noch einige Hindernisse zu springen. Dies ist ein wichtiger Teil beim schnellen Wiederaufbau Ihres gemeinsamen Vertrauens und dient auch dazu, die Bedeutung des Sturzes abzuschwächen.

›› In ganz schlimmen Fällen müssen Sie vielleicht Ihre Ansprüche reduzieren und zu einem niedrigeren Schwierigkeitsgrad zurückkehren, bis Sie Ihr Vertrauen wiedergefunden haben.

Die mentale Einstellung

Was muss ich im Bezug auf meine mentale Einstellung im Training beachten und wie kann diese Einstellung mein Pferd beeinflussen?

›› Ihre eigene geistige Einstellung hat immer einen direkten Einfluss auf den Erfolg, den Sie erzielen. sowohl im Training als auch auf dem Turnier.

›› Übernehmen Sie die Verantwortung für Ihre Handlungen und bemühen Sie sich immer, bei der Verständigung mit Ihrem Pferd Klarheit und Konsequenz zu vermitteln.

›› Pferde denken nicht logisch, Sie müssen deshalb systematisch vorgehen und Ihre Kommandos wiederholen, um sicherzugehen, dass Ihr Pferd Sie versteht.

›› Werden Sie nicht ungeduldig und frustriert, sollte sich der Erfolg nicht sofort einstellen. Üben Sie sich in Geduld. Überstürzte Entscheidungen und hartes Vorgehen kann zusätzliche Schwierigkeiten in Bezug auf Vertrauen und Harmonie schaffen.

›› Schätzen Sie Ihre Ziele realistisch ein, damit steigern Sie Ihre Freude am Training. Das Erreichen eines Zieles bestärkt das Vertrauen. Konzentrieren Sie sich darauf, Ihre Schwächen zu verbessern, aber verlieren Sie niemals Ihre Stärken aus dem Auge. Üben

Sie diese Stärken von Zeit zu Zeit im Training, erwarten Sie aber keine absolute Perfektion, sonst werden Sie am Ende immer enttäuscht sein.

- Denken Sie im Training positiv. Sie müssen von dem, was Sie tun, überzeugt sein. Seien Sie nicht halbherzig.

Inwieweit beeinflusst meine mentale Einstellung meine Leistung auf dem Turnier?

- Genau wie im Training wird auch auf dem Turnier Ihre eigene Einstellung dem Niveau Ihrer Leistung förderlich oder hinderlich sein.

- Versuchen Sie immer ruhig zu bleiben, obwohl dies angesichts des Turnieres natürlich nicht einfach ist. Ihre Anspannung und Unruhe übertragen sich auf Ihr Pferd. Mit zunehmender Erfahrung werden Sie die für Ihr Temperament am besten geeignete Methode finden, mit der Sie sich entspannen können. Manche Menschen ziehen Nutzen aus der Einsamkeit, andere aus der Gemeinschaft.

- Gehen Sie nicht mit einer negativen Einstellung an den Wettkampf heran. Eine positive Grundeinstellung wird bessere Ergebnisse hervorbringen. Vermeiden Sie keine Selbstzweifel. Glauben Sie an sich und an Ihr Pferd und vertrauen Sie auf Ihr Training und auf Ihre Vorbereitung.

Wann kann ich tun, wenn ich einen Rückschlag erleide?

- Gehen Sie auf diese negative Erfahrung nicht länger ein. Versuchen Sie vorwärts zu gehen und jeden Fehler in eine günstige Gelegenheit zur Korrektur zu verwandeln. Analysieren Sie den Grund für den Fehler und versuchen Sie, ihn in Zukunft zu vermeiden.

- Akzeptieren Sie bereitwillig, dass Fehler passieren, egal wie gut Sie sind.

- Nach einem Rückschlag kann es unter Umständen notwendig sein, Ihre Fähigkeiten und Ihr Verständnis auf einem niedrigeren Level nochmals zu bestärken, um das Vertrauen zu festigen. Wenn Sie auf sich selbst hören, werden Sie Ihre Begeisterung für dieHerausforderung und Ihre Bereitschaft, das Letzte aus sich herauszuholen, am besten erkennen.

3 Probleme im Gelände

Nützliche Tipps

▸▸ Erfolgreiches Geländereiten erfordert Selbstvertrauen von Reiter und Pferd, genauso wie gegenseitiges Vertrauen. Stellen Sie sich auf Üben, Üben und nochmals Üben ein. Turniere sind die Zeiten des Ausprobierens, Übungsstunden die Zeiten der Ausbildung.

▸▸ Gestalten Sie Ihr Training progressiv, aber überspringen Sie keine Ausbildungsstufen. Führen Sie Ihr Pferd allmählich an die zunehmende Höhe und an die Schwierigkeiten fester Hindernisse heran.

▸▸ Denken Sie immer daran, unter Umständen ein größeres Problem zu schaffen, das wieder schwer zu korrigieren sein wird, wenn Sie Ihr Pferd erst einmal überfordert haben. Zerstören Sie sein Vertrauen und sein Selbstvertrauen nicht durch Ihren Überehrgeiz und Ihre Rücksichtslosigkeit. Die Zeit, die man auf einem niedrigeren Schwierigkeitsgrad verbringt, wird sich später auszahlen.

▸▸ Es ist nur selten möglich, einen Geländesprung nach einem missglückten Versuch zu zerlegen, um die Aufgabenstellung niedriger oder einfacher zu machen. Es wird eventuell erforderlich sein, die zu erwartenden Aufgaben auf dem Springplatz zu simulieren, bevor man feste Hindernisse in Angriff nimmt. Sie können zum Beispiel mit einem künstlichen Wassergraben ein Coffin darstellen, Ecken, In-Outs, Weitsprünge etc. bauen und alle diese Sprünge beliebig niedriger oder höher machen. Das Bewusstsein, sich bereits in der Dressur- und Springarbeit die notwendige Technik zum Überwinden der Geländesprünge angeeignet zu haben, gibt Pferd und Reiter Selbstvertrauen. Die Fähigkeit, die Galoppsprünge zu verlängern und zu verkürzen, die Antriebskraft zu verstärken oder zu drosseln, mehr Kontrolle zu bekommen, gerade zu reiten etc. wird sich vielfach auszahlen.

▸▸ Legen Sie einen soliden Grundstein, bevor Sie im Schwierigkeitsgrad weiter nach oben gehen. Für eine einmal zurückgelegte Meilenstrecke und Erfahrung gibt es keinen Ersatz. Sie können mit der Ausbildung Ihres Pferdes schon sehr früh beim Ausreiten beginnen – traben Sie über kleine Baumstämme, Gräben, Abhänge und Wälle oder gehen Sie im Schritt durch Wasser. Es ist dabei wichtig, ein selbstverständliches Gefühl und einen gewissen Instinkt zu entwickeln. Genau darin liegt für junge Pferde der Vorteil des Jagdreitens.

▸▸ Nehmen Sie zu Beginn Ihrer Geländeausbildung einen erfahreneren Reiter mit einem routinierten Pferd mit. Ein ängstliches Pferd gewinnt viel, wenn es bei einem anderen Pferd ins Schlepptau genommen wird und schöpft Mut aus der Gesellschaft.

▸▸ Streichen Sie das Wort Geschwindigkeit aus der Formel für Erfolg. Verlassen Sie sich nicht auf das Tempo, sondern auf Balance, Kontrolle und Rhythmus. Das schafft anfangs wesentlich mehr Sicherheit. Effizienz führt schließlich automatisch zu einem höheren Tempo.

▸▸ Für das Reiten von Geländesprüngen müssen einige Veränderungen im Sitz des Reiters vorgenommen werden. Wegen der unterschiedlichen Gefälle im Gelände, den Tiefsprüngen und Wällen, und wegen des verschobenen Schwerpunkts beim erweiterten Galoppsprung, müssen die Steigbügel kürzer geschnallt werden. Der Reiter kann dadurchleichter unabhängig sitzen und ist mit dem Gesäß weiter vom Sattel entfernt. Dadurch bekommt das Pferd auch mehr Freiraum. Die Betonung bei der Einwirkung liegt auf dem Unterschenkel, für mehr Stabilität und als Stützpunkt mit dem vermehrt abgewinkelten Knie, das als Stoßdämpfer für alle Unebenheiten, Tiefsprünge, Wälle etc. dient.

▸▸ Das schwere Sitzenbleiben im Sattel macht das Reiten von Geländesprüngen für den Reiter nicht sicherer und behindert die Entwicklung des Pferdes.

▸▸ Weil feste Hindernisse bei kleinen Fehlern nicht fallen und die Basküle aufgrund des höheren Grundtempos etwas flacher wird, kann der Reiter beim Absprung mit

Üben Sie die Hindernisse, die Ihnen voraussichtlich im Gelände begegnen, zu Hause mit Hindernisstangen, bevor Sie über feste Sprünge reiten. Hier springt das Pferd über einen künstlichen Wassergraben.

den Schultern ein wenig mehr aufgerichtet bleiben, um nicht vor die Bewegung zu kommen oder herunter zu fallen.

▸▸ In hohem Tempo ist es sicherlich besser, leicht hinter der Bewegung zu bleiben, als sich vor dem Schwerpunkt zu befinden. Schiebt man den Absatz während des Sprunges ein wenig nach vorne, dient der Unterschenkel als zusätzlicher sicherer Stützpunkt.

▸▸ Ein klammerndes Knie und ein rutschender Unterschenkel beim Sprung und bei der Landung sind sicherlich keine Hilfe. Es ist keine gute Basis vorhanden, die die Wucht der Landung abfängt und der Reiter wird verunsichert.

▸▸ Versuchen Sie beim Geländereiten immer mit positiver Einstellung »anzugreifen«, denken Sie aber daran, in einer defensiven Position zu bleiben. In den meisten Fällen geht alles gut. In den seltenen Fällen aber, in denen irgendetwas schieflaufen kann, ist es besser, wenn Sie gesund bleiben.

Gräben

Wann soll ich damit beginnen, mein Pferd über Gräben zu trainieren?

▸▸ Es ist niemals zu früh, ein grünes Pferd mit Gräben vertraut zu machen, vorausgesetzt das Pferd ist bereits so weit ausgebildet, dass es gerade vorwärts geht, den Schenkel respektiert und auf Wunsch den Galoppsprung verlängert.

▸▸ Versuchen Sie es als erstes mit einem Graben, der weder zu breit noch zu tief ist. Ein freundlicher kleiner, natürlicher Graben ist einem künstlich gebauten Graben vorzuziehen.

Welche Technik wende ich beim Reiten von Gräben an?

▸▸ Konzentrieren Sie Ihren Blick auf die andere Seite des Grabens und gucken Sie nicht in den Graben hinein.

▸▸ Wenn Sie nach unten sehen, erscheint Ihnen das Problem sehr viel größer und beängstigender. Das gleiche gilt auch für Ihr Pferd, das unterstützt werden sollte, mutig nach vorne zu denken, statt furchtsam und misstrauisch zu sein. Halten Sie seinen Kopf oben.

▸▸ Versuchen Sie sich vorzustellen, Sie würden einfach über einen kleinen Weitsprung

Es ist eine gute Hilfe, einem jungen Pferd ein erfahrenes Führpferd voranzustellen, wenn es zum erstenmal mit Gräben konfrontiert wird. Es ist erstaunlich, wie viel Vertrauen ein Pferd bekommt, wenn es sieht, wie ein anderes Pferd vor ihm springt. Am Ende setzt es genauso viel Vertrauen in seinen Reiter wie in das andere Pferd.

oder über ein paar Stangen auf dem Boden springen. Versuchen Sie eine Technik zu entwickeln, mit der Sie die Antriebskraft allmählich steigern und den Galoppsprung genau wie bei einer breiten Triplebarre bis hinter den Graben verlängern. Ein unerfahrenes Pferd könnte zum Beispiel in einem kontrollierten Trab anfangen, kurz vor dem Graben würde ich den Trab verstärken (vielleicht bis zu einem oder zwei Galoppsprüngen). Ich würde immer in einem vorwärtsgerichteten Galopp vom Sprung wegreiten.

⏩ Später wird das Anreiten ausschließlich im Galopp erfolgen, dabei gelten aber die selben Prinzipien. Beginnen Sie in einem kraftvollen, aber kontrollierten Galopp, den Sie bis zum Graben, über dem Graben und nach dem Graben zunehmend verlängern und vergrößern.

⏩ Fangen Sie nicht im Galopp an, um dann an Tempo zu verlieren, je näher Sie dem Wagnis kommen, dann in den Trab und Schritt zu fallen und schlussendlich davor stehen zu bleiben. Das wäre genau das Gegenteil unserer Idealvorstellung.

Was muss ich tun, wenn ich die Befürchtung habe, dass mein Pferd nervös wird oder verweigert?

⏩ Bringen Sie sich in die Position, in der Sie die größten Erfolgschancen haben. Springen Sie in Richtung Stall, lassen Sie sich von einem erfahrenen Pferd über den Graben mitziehen, Beim Anreiten sollten keine anderen Pferde hinter Ihnen stehen, suchen Sie sich jemanden, der Ihnen mit Gefühl weiterhelfen und Sie ermutigen kann.

⏩ Versuchen Sie sich nicht an breiteren Gräben, solange Sie keine praktikable Methode (wie bereits beschrieben) entwickelt haben.

⏩ Stellen Sie sich auf einen größeren Zeitaufwand ein und haben Sie keine Angst davor, die Sache so lange zu wiederholen, bis die Gräben keine besondere Sache mehr sind.

⏩ Jeder Erfolg muss belohnt werden.

⏩ Geben Sie nicht auf. Bleiben Sie hartnäckig und machen Sie jeden neuen Versuch aus einer leichten Vorwärtsbewegung heraus. Aus dem Stillstand ist es noch schwieriger. Jegliche Vorwärtsbewegung verringert die Mühe.

⏩ Reiten Sie bei Schwierigkeiten nicht zu weit weg, um neu anzureiten. Bleiben Sie in der Nähe des Hindernisses, um Ihr Pferd erneut mit dem Problem zu konfrontieren. Lassen Sie es nicht vor dem Problem davonlaufen.

⏩ Ihr Pferd braucht unter Umständen ein forciertes Deutlichmachen Ihrer Wünsche. Reagiert es nicht auf Ihren Schenkel, ist vielleicht eine kleine Erinnerung mit der Gerte notwendig. Setzen Sie die Gerte immer hinter Ihrem Schenkel und nicht an der Pferdeschulter ein – es muss klar sein, dass die Gerte als Verlängerung des Schenkels dient. Die größte Wirkung erzielen Sie, wenn Sie die Gerte im Moment des Absprungs einsetzen. Benutzen Sie die Gerte niemals, wenn das Pferd den Graben bereits erfolgreich überwunden hat. Sobald die gewünschte Reaktion erzielt wurde, loben Sie Ihr Pferd und reiten ohne die Gertenhilfe erneut an.

Muss ich meine Technik bei überbauten Gräben wie Trakehnern oder Palisaden ändern?

Nicht wirklich. Sie reiten immer noch mit einem verlängerten Galoppsprung und sehen nicht nach unten. Fokussieren Sie Ihre Augen und die Ihres Pferdes auf den höchsten Punkt des Hindernisses oder dahinter. Sehr oft erleichtert das Hindernis an sich den Sprung, weil es mehr Höhe in die Sprungkurve des Pferdes bringt.

Gehen Sie in Bezug auf die nötige Antriebskraft auf Nummer Sicher – Sie brauchen genug Schwung und Fahrt, um den Sprung angenehm zu machen.

WICHTIG – GRÄBEN

- **Denken Sie positiv.**
- **Sehen Sie nicht nach unten.**
- **Verlängern Sie beim Anreiten die Galoppsprünge.**
- **Verstärken Sie die Antriebskraft.**
- **Seien Sie gewillt, viel zu üben, um Erfahrung und Vertrauen zu sammeln.**

Mit einer soliden Grundausbildung wird ein Pferd keine Angst vor Gräben haben, egal wie breit diese auch sind.

Ecken

In welchem Tempo soll ich an eine Ecke reiten?

⏩ Ecken sind ein guter Test für die Fähigkeit von Pferd und Reiter, gerade und akkurat zu reiten. Um die Kontrolle zu garantieren, sollte deshalb das Tempo etwas zurückgenommen werden. Ein schnelles, auseinandergefallenes Pferd hat unvermeidlicherweise einen gewissenMangel an Präzision und das Hindernis wird eher zufällig gut bewältigt. Wird der Absprung zu weit wird, kann das Pferd zum Vorbeilaufen verleitet werden oder es stürzt. Das Gleiche passiert, wenn der Absprung zu dicht ist.

⏩ Deshalb sollte der Galoppsprung einigermaßen versammelt sein, um ideal an den Sprung zu kommen, dabei aber kraftvoll genug, um die Tiefe des Hindernisses leicht zu bewältigen.

⏩ Denken Sie daran: Um gerade reiten zu können, müssen Sie sich bemühen, vorwärts zu reiten. Sorgen Sie dafür, dass rechtzeitig vor dem Sprung alles vorbereitet und unter Kontrolle ist.

Wie finde ich die Ideallinie?

⏩ Es ist unmöglich, das vordere Element des Hindernisses im rechten Winkel anzureiten ohne Gefahr zu laufen, auf der hinteren Stange in falscher Richtung zu landen. Gerade auf die hintere Stange zu zielen, ist auch nicht klug, damit bieten Sie dem Pferd die Gelegenheit, vorbeizulaufen.

⏩ Ich würde also die beiden Elemente mit Hilfe einer imaginären Linie teilen und senkrecht zu dieser Linie anreiten (siehe Zeichnung).

⏩ Machen Sie sich mit der möglichen Ideallinie immer vertraut und gehen Sie Ihren Anreitweg, auch im Training, sorgfältig ab. Drehen Sie sich bei Erreichen des Hindernisses mit dem Rücken zum Sprung und gehen sie genau vom Hindernis weg. Drehen Sie sich nach 10-20 Metern erneut um und werfen Sie einen genauen Blick auf Ihren Weg. Am Anfang ist es unmöglich, den Weg zu erraten, ohne auf die Ecke zu sehen.

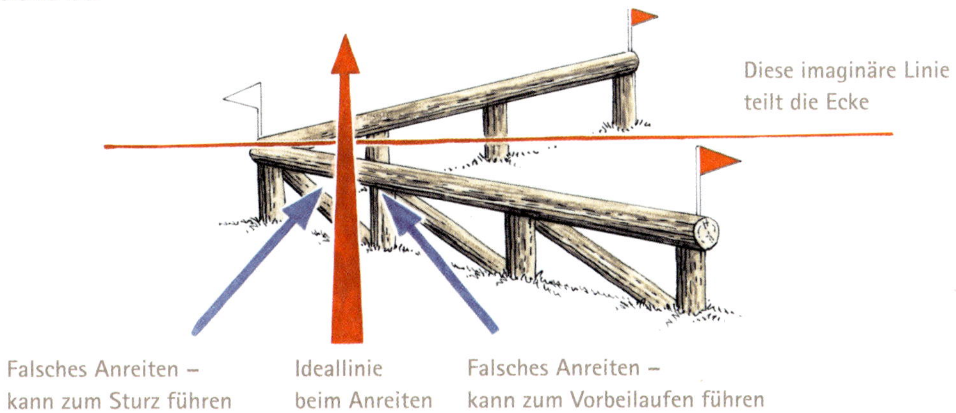

Erfolgreiches Überwinden einer Ecke im Gelände.

▸▸ Um ihre Ideallinie leichter zu finden, empfinden es einige Reiter als hilfreich, sich einen bestimmten festen Punkt in einer gewissen Distanz hinter dem Hindernis zu merken. Achten Sie aber darauf, dass dieser Punkt auch wirklich fest (also unbeweglich) und aus größerer Entfernung leicht sichtbar ist. Einer der größten Vorteile dieser Methode ist sicherlich, dass der Reiter nach oben blickt und damit das Vorwärtsreiten unterstützt.

Wie kann ich ein Vorbeilaufen vermeiden?

▸▸ Zusätzlich zu einem ausbalancierten, kontrollierten und doch kraftvollen Galoppsprung kann es hilfreich sein, auf der Hand anzukommen, der der Spitze der Ecke entgegengesetzt ist. Dadurch wird es für Ihr Pferd schwieriger, um das Hindernis herumzulaufen.

▸▸ Halten Sie Ihre Gerte in der äußeren Hand. Ein ruhiger Klaps auf die Schulter kann Ihr Pferd daran erinnern, sich auf die Aufgabe vor ihm zu konzentrieren und ein Vorbeilaufen verhindern.

▸▸ Machen Sie immer bevor Sie Ihre erste Ecke in Angriff nehmen, einige Übungen, die das Geraderichten verbessern (siehe Training).

▸▸ Mit diesen Übungen verbessern Sie die Technik und bekommen einen Vertrauensschub. Mit einer Ecke aus Hindernisstangen gebaut sind Sie in der Lage, den Schwierigkeitsgrad und die Höhe allmählich zu steigern. Beginnen Sie schmal und niedrig bis das erforderliche Vertrauen da ist, dann können Sie den Sprung höher und/oder breiter machen.

▸▸ Denken Sie an das gleichmäßige Arbeiten auf beiden Händen, mit Ecken, die nach rechts und links offen sind. Die meisten Pferde zeigen eine natürliche Vorliebe nach der einen oder anderen Seite. Lernen Sie die schwache Seite Ihres Pferdes kennen.

▸▸ Reiten Sie beim zweiten Anreiten nach einer Verweigerung nicht schneller vorwärts. Hat Ihr Pferd zwar verweigert, ist aber gerade geblieben (also kein Vorbeilaufer), kann Ihr zweites Anreiten etwas aggressiver sein.

WICHTIG - ECKEN

- **Reiten Sie in einem kontrollierten, kraftvollen Galopp.**
- **Kennen Sie Ihre Ideallinie.**
- **Reiten Sie vorwärts, um gerade zu reiten.**

Was muss ich bei einem Vorbeilaufer tun?

▸▸ Wenden Sie die Ratschläge an, die ich Ihnen im Kapitel Probleme beim Pferd – Vorbeilaufen gegeben habe. Zusammengefasst sind dies folgende Ratschläge: Beheben Sie das Problem, indem Sie Ihr Pferd am Davonlaufen hindern, richten Sie es in Richtung Hindernis rückwärts und machen Sie ihm deutlich klar, dass dies ein Ungehorsam war.

Ein junges Pferd wird mit einer Ecke vertraut gemacht. Während der Vorbereitung auf feste Sprünge können Sie mit Hilfe von Hindernisstangen, Höhe und Breite des Sprunges verändern.

Weitsprünge

Wie soll ich anreiten?

- Stellen Sie sicher, mit ausreichendem Impuls (gespeicherter Energie) unterwegs zu sein.

- Im Idealfall sollten Sie sich vorstellen, den jeweiligen Galoppsprung, vor, über und nach dem Hindernis leicht zu verlängern. Das soll natürlich nicht heißen, dass Sie mit einem riesigen Galoppsprung am Hindernis ankommen, sondern, dass Ihr Pferd positiv vor Ihrem Schenkel nach oben in die Hand springt und Sie dadurch in der Lage sind, seinen Rahmen und den Galoppsprung ein wenig zu erweitern, ohne schneller zu werden. Stören Sie nicht unvermittelt den Rhythmus durch plötzliches Beschleunigen, dabei verliert Ihr Pferd die Balance.

- Ist das Hindernis schräg ansteigend gebaut, kann man energischer anreiten um die hintere Stange mit Leichtigkeit zu überwinden. Wirkt das Hindernis mehr carré, also quadratisch, also z.B. eine steile Front mit einem breiten Oberteil, sollten Sie Ihr Pferd mehr versammeln, um einen akkuraten und runden Sprung zu gewährleisten.

Breite Hindernisse müssen aus einem positiven Galopp mit Vorwärtstendenz angeritten werden. Beherztes Zuspringen wird damit unterstützt.

Weitsprünge erfordern nicht nur beherztes Zuspringen sondern auch vermehrte Versammlung des Galoppsprunges, um die Präzision zu erhalten. Ein flacher oder auseinandergefallener Galoppsprung kann Sie schnell in Schwierigkeiten bringen.

Muss ich meinen Sitz verändern?

- Über dem Sprung sollte Ihr Sitz genauso wie immer im Gelände sein: Schultern nach oben, Gewicht mit tiefem Absatz im Steigbügel, der Unterschenkel bleibt am Gurt und rutscht nicht nach hinten.

- Dennoch ist es so, dass Ihr Gewicht natürlich mehr nach vorne und weiter vom Pferderücken entfernt verlagert wird, sobald Sie den Weitsprung mit einem erweiterten Rahmen anreiten, um mit dem verlagerten Schwerpunkt Ihres Pferdes mitzugehen. Bei den größeren Galoppsprüngen neigen Sie weniger dazu, im Sattel sitzen zu bleiben.

WICHTIG - WEITSPRÜNGE

- **Reiten Sie energisch mit Impuls.**
- **Halten Sie Ihr Pferd vor Ihrem Schenkel.**
- **Verlängern Sie die Galoppsprünge ein wenig, ohne die Verbindung am Zügel aufzugeben.**

Steilsprünge

Wie soll ich anreiten?

▸▸ Weil die meisten Steilsprünge, die uns im Gelände begegnen, nicht so benutzerfreundlich sind wie Baumstämme, Hecken oder Weitsprünge, müssen wir sie mit dem größtmöglichen Respekt behandeln. Versuchen Sie den Galopp zu versammeln, um einen flachen Sprung zu vermeiden.

▸▸ Das Pferd muss aktiv sein und seine Kraft und Balance in der Hinterhand halten. Es darf beim Anreiten eines Steilsprunges nicht auf seine Vorhand fallen.

In welchem Tempo soll ich das Hindernis anreiten?

▸▸ Achten Sie darauf, beim Anreiten nicht zu schnell zu sein. Erhalten Sie einen gleichmäßigen, versammelten Galopp mit Vorwärtstendenz und lassen Sie das Hindernis auf sich zukommen. Geben Sie nicht Gas und schicken Sie Ihr Pferd nicht los, wie Sie es bei einem Weitsprung oder einem schräg ansteigenden Sprung tun würden. Denken Sie daran, dass wir im Gelände immer so schnell reiten sollten, wie es unsere Sicherheit erlaubt. Es ist wichtig, sauber und vorsichtig zu springen.

Was sollte ich im Hinblick auf meinen Sitz beachten?

▸▸ Der Schwerpunkt des Pferdes sollte sich in Richtung Hinterhand verlagern, weil wir die Galoppsprünge versammeln. Deshalb ist es wichtig, Ihre Schultern aufzurichten und Ihr Gesäß näher an den Sattel zu bringen.

▸▸ Achten Sie darauf, dass Ihr Unterschenkel fest am Gurt anliegt, um jede plötzliche Bewegungsänderung abzufangen, sollte das Pferd einen Fehler machen und mit der Vorhand am Hindernis anschlagen.

WICHTIG – STEILSPRÜNGE

- **Erhalten Sie beim Anreiten den versammelten Galopp und stören Sie den Rhythmus nicht.**
- **Reiten Sie ohne Eile.**
- **Bleiben Sie mit Ihren Schultern aufrecht.**

Behandeln Sie Steilsprünge mit größtem Respekt. Erhalten Sie einen ausbalancierten kurzen Galoppsprung und treiben Sie Ihr Pferd nicht aus dem Gleichgewicht. Warten Sie, bis der Steilsprung auf Sie zukommt.

Wallaufsprünge

Wie soll ich anreiten?

▸▸ Weil es für ein Pferd relativ anstrengend ist, auf einen Wall zu springen, sollte das Anreiten mit viel Impuls erfolgen. So bekommt es ausreichend Antriebskraft, um leicht auf das höhere Niveau zu springen und dort zu landen, mit seinem »Fahrgestell« unter seinem Schwerpunkt und dazu fähig, weiter vorwärts zu laufen.

▸▸ Die Frontseite mancher Aufsprünge sieht sehr steil aus, es ist deshalb wichtig, die Präzision durch einen versammelten Galopp zu erhalten. Halten Sie die »Feder« Ihres Pferdes halb gespannt, damit der Galopp weder zu lang noch zu flach wird.

In welchem Tempo soll ich anreiten?

▸▸ In einem flüssigen, mittleren Tempo, kontrolliert genug, um die Verbindung zu halten, aber mit genug »Dampf«, um den Aufsprung angenehm zu machen.

Wie kann ich das Pferd dabei unterstützen?

▸▸ Sehen Sie immer nach oben. Das hilft Ihnen, positiver vorwärts zu reiten. Schauen Sie nicht nach unten.

▸▸ Entlasten Sie den Pferderücken und verteilen Sie Ihr Gewicht gleichmäßig auf beide

Das Vertrautmachen eines Pferdes mit einem Wallaufsprung. Der Reiter sitzt im Gleichgewicht, sein Gewicht liegt im Steigbügel, das Pferd hat genug Bewegungsfreiheit.

Steigbügel. Damit geben Sie Ihrem Pferd den nötigen Freiraum für den Absprung.

▸▸ Achten Sie darauf, dass das Pferd am Bein ist und nicht träge wird. Treiben Sie mit Ihrem Schenkel in eine kontrollierende Hand, um Antriebskraft aufzubauen.

▸▸ Reiten Sie sofort nach der Landung auf dem Wall positiv weiter damit Ihr Pferd lernt, keinen Schwung zu verlieren. Das ist eine gute Vorbereitung für Wälle mit einem Hindernis an der höchsten Stelle oder für Treppen mit mehreren Stufen.

WICHTIG - WALLAUFSPRÜNGE

- **Reichlich Vorwärtsimpuls.**
- **Mittleres Tempo, Galoppsprünge in mittlerer Länge.**
- **Reiter im leichten Sitz.**
- **Sehen Sie nach oben.**

Wallabsprünge

Wie soll ich anreiten?

▸▸ Bis Ihr Selbstvertrauen und das Vertrauen des Pferdes gefestigt sind, sollten Sie nicht zu schnell anreiten. Auch Erfahrenere sollten das Tempo unter Kontrolle haben.Wenn Sie ein junges Pferd zum erstenmal mit einem kleinen Wall konfrontieren, sollten Sie dies im Trab tun. Dadurch hat es die Möglichkeit, die Sache gründlich anzusehen und zu untersuchen, bevor es losspringt.

▸▸ Unterstützen Sie Ihr Pferd mit einem vorsichtigen Schenkeldruck, geschmeidig rauf- und herunterzuspringen.

Was muss ich im Hinblick auf meinen eigenen Sitz beachten?

▸▸ Sehen Sie nach vorne, sobald Sie Ihren Anreiteweg in etwa abgeschätzt haben. Spähen Sie nicht über die Oberkante und danach nach unten. Dadurch sieht der Absprung noch tiefer aus und Sie kommen aus dem Sattel, sollte der Absprung nicht flüssig sein.

▸▸ Fangen Sie die Wucht der Landung mit dem Steigbügel und nicht mit dem Pferderücken ab.

▸▸ Es kann notwendig werden, Ihre Schultern beim Anreiten und während des Sprunges ein wenig nach hinten zu nehmen, um nicht vor die Bewegung zu fallen.

Auf dem höchsten Punkt dieses Walles ist der Reiter ein wenig vor die Bewegung geraten. Sein Gewicht liegt auf der Hand, er schränkt die Bewegungsfreiheit seines Pferdes ein und hat die Unterstützung durch den Unterschenkel verloren.

▸▸ Lassen Sie Ihre Zügel notfalls durch Ihre Hände rutschen, um dem Pferd mehr Bewegungsfreiheit im Hals zu geben, damit es sein Gleichgewicht besser halten kann.

Wenn Sie die Zügel zu fest packen, werden Sie nach vorne gezogen oder behindern Ihr Pferd.

▸▸ Bei der Landung machen Sie die Hand wieder zu, nehmen die Zügel wieder auf um beim Vorwärtsreiten wieder alles unter Kontrolle zu bekommen.

WICHTIG – WALLABSPRÜNGE

- **Kein zu hohes Tempo.**
- **Bleiben Sie hinten.**
- **Geben Sie Bewegungsfreiheit.**
- **Fangen Sie die Wucht der Landung mit Ihren Steigbügeln ab.**
- **Schauen Sie nach vorne, nicht nach unten.**

Dieser Reiter ist nach vorne gefallen und nicht mehr in der Lage, sein Pferd bei der letzten Stufe zu unterstützen. Im Idealfall sollten seine Schultern aufgerichtet und sein Blick nach vorne gerichtet sein.

Wasser

Wie soll ich mein Pferd mit Wasser vertraut machen?

▸▸ Das erste Bekanntmachen mit Wasser sollte in aller Ruhe und mit Geduld erfolgen. Es ist wichtig, von Anfang an Selbstvertrauen und Vertrauen aufzubauen.

▸▸ Es ist vielleicht notwendig, einem »grünen« Pferd ein erfahrenes, zuverlässiges Führpferd zu geben, das einem aufgeregten Pferd zeigen kann, dass es nichts zu befürchten hat. Es ist bemerkenswert, wie schnell ein unerfahrenes Pferd an Vertrauen gewinnt, sobald es sieht, dass sich das andere Pferd nicht in Gefahr befindet und keine Angst zeigt, das zu tun, was von ihm verlangt wird. Ein unerfahrenes Pferd kann von sich aus nicht wissen, dass unter dem Wasser ein fester Boden ist und dass das Wasser nicht zu tief ist.

▸▸ Mit zunehmender Erfahrung wird Ihr Pferd letzten Endes das gleiche Vertrauen in seinen Reiter wie in das Führpferd bekommen.

▸▸ Wie bei Gräben ist es am klügsten, zuerst ein natürliches Wasserhindernis, wie eine kleine Furt oder einen seichten Fluss zu

durchreiten. Versuchen Sie nicht sofort vom Ufer hineinzuspringen, gehen Sie erst einmal in Ruhe ins Wasser hinein.

▸▸ Einmal im Wasser, versuchen Sie mit dem Pferd in gleichmäßigem Tempo darin herumzugehen oder das Wasser zu durchqueren, so wird es für das Pferd selbstverständlich.

▸▸ Vergewissern Sie sich vorher, dass das Wasser sicher ist, damit das Vertrauen Ihres Pferdes nicht durch eine schlechte Erfahrung schon am Anfang zerstört wird.

▸▸ Versuchen Sie Ihr Pferd im Anfangsstadium so häufig wie möglich mit Wasser vertraut zu machen. Je öfter Sie dies tun, desto weniger wird es ein Thema sein.

Eine unerfahrene Kombination versucht sich an einem Wasserkomplex. Auf Bild 1 springt das Pferd grauenhaft, wahrscheinlich ist es durch das Wasser vor ihm verunsichert ein Vorbeilaufer am nächsten Hindernis erscheint wahrscheinlich. Auf Bild 2 sehen wir, dass der Reiter nicht aufgegeben hat und mit einem gelungenen Einsprung ins Wasser belohnt wird (Bild 3). Obwohl er den Steigbügel verloren hat, bleibt der Reiter fest sitzen und entscheidet sich, am letzten Element vorbeizureiten.

Grundsätzlich gilt im Training folgende Regel: Sobald Sie Ihrem Pferd ein bestimmtes Hindernis präsentiert haben, dürfen Sie nicht aufgeben. Versuchen Sie aber nicht, über dieses Hindernis zu reiten, wenn Sie nicht in der Lage sind, Ihr Pferd dabei zu unterstützen.

3

4

VAUXHALL MONTREY
67

Ein glückliches Paar beim Einsprung in das Wasser. Wenn Sie Ihre Hausaufgaben ordentlich gemacht und das Vertrauen Ihres Pferdes gewonnen haben, sind Wassereinsprünge kein Problem.

Wie fange ich mit dem Springen ins Wasser an?

▸▸ Suchen Sie sich einen kleinen, einfachen Wall, am besten innerhalb eines Wasserkomplexes, wo es einen alternativen Einritt ins Wasser gibt, bei dem man nicht springen muss. Bleiben Sie zuerst im Trab, damit Ihr Pferd genügend Zeit hat, während des Anreitens, die Lage zu sondieren. Wirken Sie während der letzten Tritte stärker ein. Reiten Sie nicht in zu hohem Tempo, damit überfallen Sie Ihr Pferd.

▸▸ Unterstützen Sie Ihr Pferd mit dem Schenkel und Ihrer Stimme, damit es sauber ins Wasser springt. Wiederholen Sie das Ganze, bis Ihr Pferd nicht mehr zögert, bevor Sie den Einsprung aus dem Galopp versuchen.

▸▸ Reiten Sie auch im Galopp nicht zu schnell. Das Wasser bremst sehr plötzlich stark ab, durch die hemmende Wirkung des Wassers kann das Pferd sein Gleichgewicht verlieren. Seichtes Wasser ist für ein unerfahrenes Pferd am allerbesten.

▸▸ Bei tieferen Einsprüngen, gelten die selben Prinzipien wie bei Tiefsprüngen. (Siehe Tiefsprünge)

Was kann ich tun, wenn sich mein Pferd sehr vorsichtig ins Wasser gleiten lässt?

▸▸ Reiten Sie positiver vorwärts und ermuntern Sie Ihr Pferd, sich bis zu einem richtigen Sprung zu strecken. Es genügt nicht, Schritt für Schritt hineinzusteigen.

▸▸ Gehen Sie sicher, dass Ihr Pferd am Schenkel ist. Unter Umständen ist es notwendig, die Gerte in aller Ruhe hinter Ihrem Schenkel einzusetzen, um Respekt abzurufen und das Pferd zu ermutigen.

▸▸ Reiten Sie vorwärts, sobald Sie im Wasser sind. Lassen Sie Ihr Pferd nicht zu zögerlich werden oder zu viele Gänge herunterschalten. Das ist eine gute Vorbereitung auf Hindernisse im Wasser.

▸▸ Sehen Sie nach vorne und nicht nach unten ins Wasser.

Was kann ich tun, wenn sich mein Pferd ins Wasser stürzt und durchstürmt?

▸▸ Das ist normalerweise die Folge von Unsicherheit oder Furcht vor dem Wasser.

▸▸ Reiten Sie in aller Ruhe an, reduzieren Sie Ihr Tempo und versuchen Sie nach der Landung im Wasser zu bleiben. Bleiben Sie ruhig stehen bleiben oder reiten Sie einige Kreise im Wasser. Lassen Sie Ihr Pferd nicht das Kommando übernehmen und selbständig aus dem Wasser springen.

▸▸ Loben Sie Ihr Pferd und hopsen Sie wieder aus dem Wasser oder gehen Sie im Schritt heraus. Wiederholen Sie das Ganze in aller Ruhe immer wieder, bis sich Ihr Pferd beruhigt hat.

▸▸ Bereiten Sie sich darauf vor, die Zügel beim Einsprung durch die Finger gleiten zu lassen, um nicht im Maul hängenzubleiben. Landen Sie in den Steigbügeln und nicht im Pferderücken.

▸▸ Erfahrung lässt sich durch nichts ersetzen

▸▸ Erhalten Sie den Rhythmus und nehmen Sie den Absprungpunkt nicht vorweg. Ihre eigeneEinschätzungsgabe kann durch die Reaktion des Pferdes auf die Tiefe und das Spritzen des Wassers, beeinträchtigt sein. Einige Pferde kommen beim Spritzen des Wasser zurück und verkürzen ihre Tritte. Andere versuchen das Wasser zu überspringen und vergrößern Ihre Galoppsprünge. Erhalten Sie einfach die Verbindung und das Gleichgewicht, ohne den Impuls zu verlieren, und lassen Sie den Aussprung auf sich zukommen.

Wie springe ich sicher aus dem Wasser?

▸▸ Stürze beim Aussprung aus dem Wasser sind genauso häufig wie Stürze beim Einsprung in das Wasser.

▸▸ Versuchen Sie Ihr Pferd während des Wasserdurchritts so geschlossen wie möglich zu halten, nicht stolpernd und auseinandergefallen – egal ob im Trab oder im Galopp.

▸▸ Halten Sie den Galopp so kurz und schnellkräftig wie möglich.

WICHTIG - WASSER

- **Seien Sie geduldig und immer darauf vorbereitet, Ihr Pferd zu erziehen.**
- **Reiten Sie nicht zu schnell.**
- **Halten Sie im Wasser das Gleichgewicht.**
- **Greifen Sie, falls erforderlich, auf die Technik des Tiefsprunges zurück.**

Hindernisse am Hang bergauf

Wie soll ich anreiten?

Als generelle Faustregel gilt, dass Hindernisse die am Hang liegen, mit viel Impuls in Angriff genommen werden müssen.

Der natürliche Anstieg sorgt wahrscheinlich dafür, dass das Pferd sein Gewicht besser unter die Hinterhand bringt und damit seine Antriebskraft effektiver macht. Weil seine Vorhand entlastet ist, können Sie mutig sein und vorwärts reiten.

Wie sehe ich den richtigen Absprungpunkt?

Verlassen Sie sich nicht völlig auf Ihr eigenes Auge. Sie haben verloren, wenn der natürliche Galoppsprung durch einen steilen Hang verkürzt wird.

Bleiben Sie lieber positiv und versuchen Sie sicherzustellen, dass der Galoppsprung Ihres Pferdes weder zu lang noch zu kurz wird. Halten Sie die »Feder« halb gespannt. Die Verbindung zwischen Galoppsprung und Rahmen Ihres Pferdes und Ihrem Schenkel und Ihrer Hand verringert die Wahrscheinlichkeit, zu früh oder zu dicht abzuspringen. Außerdem können Sie damit ausreichend Kraft für den Absprung aufbauen.

Wie kann ich mein Pferd mit meinem Sitz unterstützen?

Achten Sie darauf, nicht zu schwer im Sattel zu sitzen. Versuchen Sie Ihr Gewicht mit dem Steigbügel zu stützen, achten Sie aber darauf, mit einem treibenden Schenkel den Impuls zu erhalten.

WICHTIG – HINDERNISSE BERGAUF

- **Viel Impuls.**
- **Erhalten Sie die Versammlung im Galopp.**
- **Reiten Sie im leichten Sitz.**

Hindernisse am Hang bergab

Wie halte ich im mein Pferd im Gleichgewicht?

▸▸ Die größte Schwierigkeit bei Bergabsprüngen ist die Leichtigkeit, mit der ein Pferd beim Anreiten auf seine Vorhand fällt und seine Hinterhand – sein essentielles Zubehör zum Springen – hinterher-schlurfen lässt.

▸▸ Helfen Sie dem Pferd auf seiner Hinterhand im Gleichgewicht zu bleiben und entlasten Sie seine Schulter, indem Sie es leicht mit dem Zügel unterstützen.

▸▸ Werfen Sie die Zügelverbindung nicht weg und lassen Sie es nicht im Leerlauf den Hang »herunterrollen«. Halten Sie es in einem niedrigen Gang in Schwung.

Beim Bergabreiten fällt ein Pferd sehr leicht auf die Vorhand. Wenn Sie das Pferd zwischen Hand und Schenkel versammeln, können Sie seine Hinterhand besser unter seinen Körper bringen. Dieses Pferd ist in Gefahr, zu dicht an das untere Hindernis zu laufen.

▸▸ Bremsen Sie so weit wie erforderlich herunter, um zu gewährleisten, dass Einwirkung und Balance nicht verloren gehen. Bei einem »grünen« oder unbeholfenen »Youngster« wird es vielleicht erforderlich, zum Trab zurückzukehren, wenn das Gleichgewicht im Galopp verloren geht. Das hilft Pferd und Reiter Vertrauen in den anderen zu bekommen.

Wie soll ich mein Pferd mit Bergabsprüngen vertraut machen?

▸▸ Springen Sie am Anfang nur niedrige feste Hindernisse wie Stämme, Mauern etc. mit einladender Optik. Reiten Sie im Trab an.

▸▸ Meiden Sie mit einem unerfahrenen Pferd steile Hänge und extrem steile oder luftige Hindernisse. Eine niedrige, leicht ansteigende Palisade ist ideal geeignet.

▸▸ Mit zunehmender Balance und Vertrauen können Sie vom Trab in einen kontrollierten Kanter übergehen.

▸▸ Reiten Sie nach der Landung immer geradeaus weiter, um nicht auf einer Seite herunterzufallen.

Wie sieht's mit meinem Sitz aus?

▸▸ Achten Sie auf Ihre aufgerichteten Schultern um nicht vor die Bewegung zu fallen damit Ihr Pferd beim Anreiten nicht zu sehr auf die Vorhand kommt.

▸▸ Versuchen Sie nicht allzu schwer im Pferderücken zu sitzen, damit es die nötige Bewegungsfreiheit bekommt, um seine Hanken zu beugen.

▸▸ Bei der Landung wird es vielleicht erforderlich, die Zügel ein wenig durch Ihre Finger rutschen zu lassen, um nicht nach vorne gezogen zu werden. Geben Sie die Verbindung nicht ganz auf, sonst verlieren Sie die Einwirkung.

WICHTIG – HINDERNISSE BERGAB

- **Unterstützen Sie Ihr Pferd.**
- **Reiten Sie mit Einwirkung.**
- **Reduzieren Sie das Tempo.**
- **Richten Sie sich auf.**

Coffins oder Wegekombinationen

In welchem Tempo soll ich an das Hindernis kommen?

▸▸ Es ist wichtig, dass das Tempo nicht zu schnell ist. Normalerweise ist das erste Element eines Coffins oder einer Wegekombination relativ steil und der Graben oder die Stufe unsichtbar. Lassen Sie das Hindernis deshalb auf sich zukommen.

▸▸ Sobald das Pferd den Graben oder die Stufe hinter dem Hindernis sieht, wird es für einen Moment überrascht sein.

▸▸ Zu hohes Tempo nimmt dem Pferd die erforderliche Zeit, um das Problem während des Anreitens zu sondieren und richtig einzuschätzen.

Erfolgreiches Überwinden einer Wegekombination: (1). Der Reiter sitzt ausgezeichnet und das Anreiten erfolgte in einem kraftvollen Galopp, aber nicht zu schnell. Das Pferd checkt bereits die nächste Aufgabe (2). Der Reiter bekommt die Sicherheit durch seinen Unterschenkel. Er blickt nach oben in Richtung Aussprung und nicht in die Grube (3). Nach der Landung reitet er weiter, könnte aber die Zügel etwas mehr aufnehmen, um die »Feder zu spannen« (4). Der Sprung ist kraftvoll. Als Resultat der Unterstützung, die der Reiter durch den Unterschenkel bekommt, hat er im Oberkörper die Beweglichkeit, um der Bewegung des Pferdes zu folgen.

Mit welcher Art von Galoppsprung sollte ich unterwegs sein?

▸▸ Versuchen Sie die Galoppsprünge so kraftvoll und sprungkräftig wie möglich zu halten. Reiten Sie dabei aber geschmeidig vorwärts.

▸▸ Obwohl natürlich das, was hinter den Stangen liegt, das Anreiten beeinflusst, sollten Sie sich als Reiter aber nicht so sehr davon beunruhigen lassen, dass es zu einer Verweigerung kommen kann. Achten Sie auf ausreichend Schwung, um eine Verweigerung zu vermeiden.

▸▸ Wenn Sie die Galoppsprünge kurz halten, können Sie mit mehr Präzision eine passende Distanz finden und die Kombination tadellos bewältigen.

Wie bekomme ich einen sprungkräftigen Galopp?

▸▸ Achten Sie darauf, den Motor des Pferdes – seine Hinterhand – mit einem treibenden Schenkel in eine verwahrende Hand und damit unter seinen Körper zu setzen. Ziehen Sie aber nicht das vordere Ende in Richtung des hinteren Endes. Das würde zum »Rückwärtsreiten« führen und dem Erhalten der Antriebskraft entgegenwirken.

Was ist mit meinem Sitz?

▸▸ Es ist besonders wichtig, beim Anreiten des ersten Elements nicht vor die Bewegung zu fallen. Genauso wichtig ist es aber auch, danach nicht hinter die Bewegung zu geraten. Mit einem sicheren Unterschenkel sollten Sie in in der Lage sein, im Oberkörper beweglich zu bleiben, um beim Einsprung, beim Graben und beim Aussprung dem Gleichgewicht Ihres Pferdes zu folgen.

▸▸ Es ist wie immer erforderlich, nach oben und nach vorne zu sehen, um Ihre Reaktionszeit zu beschleunigen.

Wie soll ich mein Pferd zum ersten Mal mit einem Coffin vertraut machen?

▸▸ Es ist eine gute Idee, den Aufbau eines Coffins mit Hilfe von Hindernisstangen auf ebenem Untergrund zu üben. Das Festigen des richtigen Galoppsprunges und Tempos bei Hindernissen, die in der Höhe veränderbar sind, gibt Pferd und Reiter das nötige Vertrauen für später, wenn es darum geht, ein richtiges Coffin in Angriff zu nehmen.

▸▸ Weil der Einsprung in die Kombination mit großer Wahrscheinlichkeit den schwierigeren Teil für ein junges Pferd darstellt, müssen Sie versuchen, dieses Element am Anfang dieser Übung auszuklammern. Es ist möglich, am ersten Element vorbeizureiten und trotzdem gut an den Graben und das dritte Element zu kommen. Das nimmt den Überraschungsmoment und macht einen gleichmäßigen Fluss innerhalb der Kombination möglich. Wurden die letzten beiden

Elemente glücklich überwunden, können Sie das erste Element hinzufügen.

▸▸ Reiten Sie danach gerade – wie dies beinahe immer der Fall ist – an den Einsprung hin. Nähern Sie sich dem ersten Element nicht aus einem Winkel, Sie riskieren damit, aus dem Sattel zu kommen, sollte das Pferd am Hindernis anschlagen.

▸▸ Machen Sie Ihr Pferd mit Gräben vertraut, bevor Sie sich zum erstenmal an einem Coffin versuchen.

WICHTIG – COFFINS/ WEGEKOMBINATIONEN

- **Reiten Sie nicht zu schnell.**
- **Schaffen Sie einen sprungkräftigen und energischen Galopp.**
- **Verhalten Sie sich beim Üben von Coffins progressiv.**

Adlerschwingen

Wie kann ich ein Vorbeilaufen verhindern?

▸▸ Stellen Sie sicher, dass Ihr Pferd seine Lektion über das Geradesein gelernt hat, bevor Sie sich an eine Adlerschwinge wagen. Wenn Sie eine Adlerschwinge in Angriff nehmen, müssen Sie das Pferd gerade halten und Ihre Einwirkung optimieren, um das Pferd wirkungsvoll beeinflussen und leiten zu können.

▸▸ Entwickeln Sie eine gute Methode, um Vertrauen aufzubauen, indem Sie das Reiten von geraden Linien in der dressurmäßigen Arbeit und am Anfang des Springens regelmäßig üben. Das Reiten bestimmter Wege über breite Sprünge, wie auf S. 56/57 beschrieben, bereitet Sie auf die Adlerschwinge vor.

▸▸ Sollte die Möglichkeit bestehen, dies sicher zu tun, würde ich als erstes die Adlerschwinge von der entgegengesetzten Richtung aus dem Hindernis heraus springen

und dabei die »Arme« des Hindernisses als »Leitplanken« benutzen. Sobald Ihr Pferd das Hindernis vertrauensvoll, vernünftig und gerade überwindet, würde ich es von der anderen Seite versuchen, diesmal aber mit Stangen oder Fängen. Man kann die Stangen nach einer Zeit auf den Boden legen, um das Pferd zu kanalisieren, bevor man sie ganz entfernt.

Wie soll ich anreiten?

- Nicht zu schnell, um die Situation unter Kontrolle zu haben. Zu hohes Tempo kann zum Vorbeilaufen führen.

- Der Galoppsprung sollte gut versammelt und nicht zu lang sein, um mehr Präzision zu gewährleisten. Ein großer, flacher Galoppsprung verringert die Wahrscheinlichkeit, am gewünschten Absprungpunkt anzukommen.

- Um gerade zu reiten, ist es am besten, in aller Ruhe vorwärts zu reiten. Denken Sie daran: Wenn Sie Ihr Pferd beim Anreiten einschränken oder rückwärts reiten, kann die Hinterhand seitlich wegdriften, ein krummes Pferd ist die Folge. Es ist deshalb wichtig, den richtigen Galopp am Anfang des Anreitwegs einzustellen, um einen Kampf kurz vor dem Hindernis zu verhindern.

- Achten Sie darauf, gerade im Sattel zu sitzen und den gleichmäßigen Druck zwischen Hand und Schenkel zu erhalten, um ein Wegschwimmen zu unterbinden.

- Blicken Sie nach oben und reiten Sie nach der Landung gerade weiter.

(1)–(4) Frühzeitiges Training für das Springen von Adlerschwingen. Festigen Sie das Vertrauen auf jeder Stufe, bevor Sie einen Schritt weitergehen.
(1) Reiten Sie zuerst den Sprung innerhalb der Fänge, also von der falschen Seite an.
(2) Als nächstes kommen Sie aus der richtigen Richtung, verwenden aber Stangen als Führungslinie, die Sie zur Mitte führen.
(3) Anschließend legen Sie Führungsstangen auf den Boden, dabei wird das Pferd aber immer noch ermuntert, gerade zu bleiben.
(4) Zum Schluss entfernen Sie die Stangen und springen über die Adlerschwinge.

3

4

Auf dem Turnier: Eine schmale Adlerschwinge, vertrauensvoll und schnurgerade überwunden.

Was kann ich bei einer Verweigerung tun?

▸▸ Wie im Abschnitt Vorbeilaufen beschrieben,kurieren Sie den Fehler sofort nach dem Auftreten.

▸▸ Wandeln Sie den Fehler in eine nützliche Übung um, bei der das Pferd etwas lernen kann. Drehen Sie nicht einfach um, und reiten Sie neu an.

▸▸ Parieren Sie Ihr Pferd zum Halten durch, drehen Sie entgegengesetzt zu der Seite, auf der es vorbeigelaufen war und rufen Sie Ihr Pferd, vor dem erneuten Anreiten, in aller Ruhe zur Ordnung. Verringern Sie das Tempo. Bei niedrigeren Hindernissen erzielt man manchmal im Trab mehr Erfolg. Ich würde eine Verweigerung, bei der das Pferd gerade bleibt, einem Vorbeilaufen, bei dem mein Pferd die Sache in die Hand nimmt, vorziehen.

▸▸ Üben Sie nicht zu viel an schmalen Hindernissen. Am Ende findet Ihr Pferd heraus, mit welcher Leichtigkeit, es bei einem schmalen Sprung zur Seite wegtauchen kann.

▸▸ Bleibt Ihr Pferd weiterhin unbeständig und unberechenbar, ist vermehrt am Geradehalten bei breiten Hindernissen zu arbeiten.

WICHTIG - ADLERSCHWINGEN

- **Üben sie das Geradehalten.**
- **Versammeln Sie den Galoppsprung.**
- **Reiten Sie nicht zu schnell.**
- **Seien Sie auf alles gefasst und reiten Sie vorwärts.**

Kombination mit engen Wendungen

Was sind die wichtigsten Punkte die ich beachten muss, wenn ich Probleme in der Wendung in Angriff nehme?

▸▸ Achten Sie darauf die maximale Einwirkung auf Ihr Pferd zu haben, bevor Sie an das Hindernis reiten. Große Hektik in einer Reihe von Hindernissen mit Wendungen führt sehr oft zu verringertem Tempo. Eine weiche, fließende Linie zwischen den Hindernissen erhält ein gleichmässiges Gleichgewicht und gewährleistet sichereres Springen als plötzliche Richtungs- und Tempowechsel.

▸▸ Wenn Sie sich beispielsweise für eine zeitaufwendigere Alternative mit mehreren Sprüngen entscheiden, sollten Sie nicht in Hektik verfallen, sondern effizient reiten. Genau wie beim Autofahren ist es am klügsten, langsam in eine Kurve zu fahren und beim Herausfahren zu beschleunigen. Zu viel Tempo am ersten Element trägt Sie zu weit aus der Kurve, Sie verlieren an Einwirkung und bekommen beim Anreiten des nächsten Elementes Schwierigkeiten.

▸▸ Schauen Sie immer nach vorne. Sie kommen normalerweise immer dort an, wo Ihre Augen fokussieren. Seien Sie deshalb dem Geschehen mit Ihren Augen einen Schritt voraus, um Ihre Vorbereitungs- und Reaktionszeit zu beschleunigen.

Wendung mitten in der Luft. Dieses Bild zeigt einen übertriebenen Einsatz des inneren Zügels. Als Resultat dreht das Pferd lediglich seinen Kopf und seinen Hals. Wäre das Anreiten langsamer gewesen, hätte der Reiter mehr Zeit gehabt, das Pferd mit einer vorwärtsführenden Hand zu lenken. Er sollte nach vorne auf das nächste Hindernis schauen und nicht nach unten auf den Hals seines Pferdes.

▸▸ Versuchen Sie Ihr Pferd im richtigen Galopp zu führen, um den Vorwärtsfluss und die Effektivität zu erleichtern. (Siehe Übungen im Training – Richtungswechsel S. 107–111). Machen Sie die innere Hand leicht auf, um Ihren Wunsch nach einem Richtungswechsel frühzeitig anzuzeigen. Bringen Sie mehr Gewicht auf Ihren inneren Steigbügel, achten Sie aber darauf, die Sache nicht zu übertreiben und damit einen guten Sprung zu ruinieren.

Welche Übungen bereiten mein Pferd auf diese Aufgaben vor?

▸▸ Jede dressurmässige Lektion, die Geschmeidigkeit, Rittigkeit und die Einwirkung verbessert, ist hilfreich. Sie müssen erreichen, dass Ihr Pferd auch eine stärkere Einwirkung ohne Widerstand akzeptiert. Lektionen wie das Verbessern des Galopps (S. 117–118) und die Übung »Kleiner Steilsprung, großer Oxer, kleiner Steilsprung« (siehe S. 105–106) sind empfehlenswert.

▸▸ Achten Sie darauf, dass Ihr Pferd auf beiden Händen gleich routiniert ist. Die Übungen zum Handwechsel (Seiten 107–111) helfen hierbei.

▸▸ Üben Sie das Biegen in Volten, achten Sie darauf, dass das Pferd nicht »auf die innere Schulter fällt«. Bleibt das Pferd im Gleichgewicht auf seinem inneren Hinterbein und biegt sich um den inneren Reiterschenkel, ist es leichter in der Lage, ein Hindernis aus einer Wendung mit Vorwärtstendenz anzugehen.

WICHTIG – KOMBINATIONEN MIT ENGEN WENDUNGEN

- **Gewinnen Sie Kontrolle.**
- **Bemühen Sie sich um Präzision und nicht um Geschwindigkeit.**
- **Verlangsamen Sie beim Einreiten in die Wendung, beschleunigen Sie beim Herausreiten.**
- **Sehen Sie nach vorne.**

Tiefsprünge

Wie soll ich einen Tiefsprung anreiten?

▸▸ Ein Sprung mit einer tiefer gelegenen Landestelle sollte für ein selbstbewusstes Pferd und für einen Reiter mit einem sicheren Sitz eigentlich keine Gefahren bergen.

▸▸ Obwohl die Landung auf einer niedrigeren Ebene natürlich unser Anreiten beeinflusst, sollte sie dennoch nicht alles beherrschen. Es ergibt keinen Sinn, sich über die Landung Sorgen zu machen, wenn der Sprung davor erst gar nicht gelingt.

▸▸ Das Anreittempo muss ein wenig reduziert werden, damit Pferd und/oder Reiter bei der Landung weniger leicht aus dem Gleichgewicht kommen. Bleiben Sie beim Anreiten positiv, verlängern Sie sogar die letzten Galoppsprünge, um Ihr Pferd zum Absprung zu ermutigen. Dadurch wird der Absprung weniger steil und die Landung sicherer.

Ein junges Pferd springt vertrauensvoll von einem Wall. Der Reiter gibt ihm Bewegungsfreiheit, ohne die Verbindung aufzugeben, und fällt nicht vor die Bewegung.

Wie soll ich bei Tiefsprüngen meinen Sitz verändern?

▸▸ Genau wie beim Springen von Wällen ist es wichtig, nicht vor die Bewegung zu fallen. Ihre Schultern müssen länger aufgerichtet bleiben, um die Zeit auszugleichen, die Sie länger in der Luft bleiben. Damit sich Ihr Pferd im Hals strecken und bei der Landung ausbalancieren kann, wird es notwendig, die Zügel durch die Hand gleiten zu lassen. Machen Sie Ihre Hand wieder zu, sobald Ihr Pferd den Boden berührt hat, um wieder einwirken zu können.

▸▸ Es ist unbedingt erforderlich, die Wucht der Landung mit den Steigbügeln aufzunehmen. Wenn Ihr Unterschenkel nach hinten rutscht und Ihr Knie zum Hauptverbindungspunkt wird, können Sie durch die verstärkte Wucht der Landung aus dem Sattel geraten. Der Steigbügel sollte nicht zu lang sein, um das Knie des Reiters ausreichend abzuwinkeln, damit er die Landung auffangen kann ohne schwer in den Pferderücken zu plumpsen.

Wie oft sollte ich das Reiten von Tiefsprüngen üben?

▸▸ Nicht zu oft. Ständiges Wiederholen kann auf Dauer zu körperlichen Schäden, insbesondere an der Vorhand des Pferdes führen. Gemäßigtes Trainieren bei gutem Boden ist akzeptabel.

»» Durch allzu häufiges Üben bestrafen Sie Ihr Pferd für seinen großzügigen Gehorsam. Misstrauen Ihren Wünschen gegenüber wird die Folge sein. Halten Sie Ihr Pferd bei guter Laune, damit es vertrauensvoll auf Ihre Wünsche reagiert.

»» Versuchen Sie die Tiefsprünge auszusuchen, bei denen die Landestelle in einen leicht geneigten Boden übergeht. Das erhält die Vorwärtsbewegung besser als die Landung auf dem ebenen Boden, wo der Schwung abrupt abgebremst wird.

»» Grundsätzlich würde ich einen festen Tiefsprung wie einen Baumstamm oder eine kleine Rampe aussuchen und keinen Steilsprung. Das Pferd wird dabei ermutigt, in der gewünschten Technik, sauber nach vorne zu springen.

WICHTIG - TIEFSPRÜNGE

- **Tempo nicht zu hoch.**
- **Verlängern Sie die Galoppsprünge beim Anreiten um eine Nuance.**
- **Fallen Sie nicht vor die Bewegung.**
- **Geben Sie dem Pferd ausreichend Bewegungsfreiheit.**
- **Nehmen Sie die Wucht der Landung mit dem Steigbügel auf.**

In-Outs

Wie soll ich ein In-Out anreiten?

»» Ein In-Out erfordert eine athletische Leistung von Pferd und Reiter. Um diese Leistung zu erzielen, ist ein kontrolliertes und balanciertes Anreiten erforderlich.

»» Reiten Sie das Hindernis nicht zu schnell oder mit einem auseinandergefallenen Galoppsprung an, sondern versuchen Sie stattdessen, seine Balance wie eine Feder zu spannen – zwischen Hand und Bein gespeichert,um ausreichend Antriebskraft aufzubauen. Dadurch wird genügend Energie zur Verfügung gestellt, um die erforderliche Leistung bringen zu können, ohne auf das Hilfsmittel des Beschleunigens zurückgreifen zu müssen.

»» Denken Sie beim Versammeln des Galopps und beim Aufbau von Antriebskraft daran, dass in der Idealform die Hinterhand unter den Pferdekörper in eine verwahrende Hand geritten wird. Bemühen Sie sich nicht, rückwärts zu reiten und damit den Vorwärtsfluss zu stoppen.

»» Die meisten In-Outs sind als Steilsprünge gebaut, es ist deshalb wichtig, den geeigneten Galoppsprung relativ früh herzustellen und bis zum Absprung zu erhalten. Zerstören Sie den Rhythmus nicht, indem Sie Ihr Pferd plötzlich losschicken oder in der letzten Minute aus dem Tempo nehmen. Das Losschicken lässt seinen Galoppsprung flach werden, beim Bremsen geht der Impuls verloren.

▸▸ Besteht das In-Out aus Weitsprüngen oder ist die Distanz zwischen den Hindernissen großzügig bemessen, dann können Sie etwas energischer dagegen reiten.

Was ist mit meinem eigenen Sitz?

▸▸ Ein unabhängiges Gleichgewicht ist sehr wichtig. Ihr Gewicht sollte immer auf den Steigbügel konzentriert bleiben, der Oberkörper über dem Schwerpunkt des Pferdes. Versuchen Sie, nicht nach hinten zu fallen und Ihr Pferd zu behindern, aber auch nicht nach vorne vor die Bewegung zu kommen.

▸▸ Weil das Anreiten in einem versammelten Galopp mit dem Gleichgewicht auf der Hinterhand erforderlich ist, kann sich der Reiter im Oberkörper aufrichten.

Während des ganzen In-Outs sitzt diese Reiterin gut und im Gleichgewicht. Dennoch macht es den Anschein, als würde sich das Pferd nach dem zweiten Element strecken. Das ist ein Zeichen für zu wenig Impuls.

Wie kann ich mein Pferd bei einem In-Out zusätzlich unterstützen?

▸▸ Achten Sie bewusst darauf, von Anfang bis Ende eine gleichmäßige, unterstützende Schenkelhilfe durchzuhalten. Lassen Sie Ihr Bein beim Einsprung nicht wegrutschen, dadurch schwindet der Vorwärtsimpuls Ihres Pferdes. Sie müssen ihm die Aufforderung, das zweite Element zu springen, ebenfalls geben.

▸▸ Lassen Sie Ihr Pferd nicht mit der Hand im Stich (Siehe das Pferd fallen lassen, S. 37). Wenn es wie eine Feder gespannt bleiben soll, braucht es die Unterstützung durch Ihre Hand, um zwischen den Sprüngen versammelt zu bleiben. Achten Sie aber darauf, nicht zu stark mit der Hand einzuwirken und dadurch das Pferd zu behindern.

Wie sollte ich am besten damit beginnen, meinem Pferd das Springen von In-Outs beizubringen?

▸▸ Ich würde entweder beim Parcoursspringen damit beginnen oder mit einigen kleinen Baumstämmen im Gelände. Bei bunten Stangen kann man Höhe und Distanzen variieren, ein Fehler hat natürlich weniger gravierende Folgen.

▸▸ Ein kleiner In-Out, in eine Gymnastikreihe eingebaut, bei dem Sie in einem sicheren Rhythmus und im richtigen Galopp ankommen, gibt Pferd und Reiter Vertrauen und erhält den natürlichen Vorwärtsfluss.

▸▸ Lassen Sie den Einsprung etwas niedriger als das zweite Element. Das macht Ihrem Pferd den Einstieg in diese Übung leichter. Wenn seine Aufmerksamkeit auf das zweite Element gerichtet ist, ist die Wahrscheinlichkeit, dass es beim Einsprung einen Fehler macht geringer, und Sie können im In-Out etwas mehr vorwärts reiten.

▸▸ Denken Sie daran, positiv von der Reihe wegzureiten, damit Rhythmus und Antriebskraft nicht verloren gehen, vor allem dann, wenn ein kleiner Fehler passiert ist.

Was kann ich tun, wenn ich am ersten Element eine Verweigerung habe?

▸▸ Überprüfen Sie, ob Sie Ihr Pferd beim Anreiten im Stich lassen oder ob sich die Feder wieder entspannt hat.

▸▸ Versuchen Sie mehr Impuls und Versammlung zu schaffen, indem Sie Ihr Pferd vermehrt in die Hand treiben.

▸▸ Schauen Sie nach oben und reiten Sie positiver. Eventuell müssen Sie das erste Hindernis etwas niedriger machen, bis die Vorwärtsbewegung wieder hergestellt ist.

Was kann ich tun, wenn ich am zweiten Sprung eine Verweigerung habe?

▸▸ Sie müssen aggressiver sein. Der schwierigere Teil (das erste Element) liegt hinter Ihnen. Schauen Sie nicht nach unten, bringen Sie Ihr Bein unmittelbar nach der Landung an das Pferd – eventuell ist auch eine kleine Unterstützung durch die Gerte nötig.

▸▸ Vermeiden Sie ein höheres Tempo. Es kann dazu führen, dass sich Ihr Pferd beim ersten Element überspringt. Das wiederum bringt weitere Schwierigkeiten mit sich, wenn Sie zu dicht vor dem zweiten Hindernis landen.

WICHTIG - IN-OUTS

- **Nicht zu viel Geschwindigkeit, aber genug Impuls.**
- **Halten Sie den Galoppsprung gespannt wie eine Feder.**
- **Richten Sie sich auf und bleiben Sie unabhängig im Gleichgewicht.**
- **Reiten Sie nicht schief an.**

Hindernisse mit einem Dach

Wie reagiert mein Pferd auf Hindernisse mit einem Dach?

▸▸ Ohne ein solches Hindernis geübt zu haben, werden Sie es nicht erfahren. An dem eigentlichen Hindernis ist nichts schwieriger als an einem anderen Hindernis, dennoch kann die unbekannte Umgebung und das Gefühl der Einengung Ihr Pferd beunruhigen. Wie bei allen ungewöhnlichen Hindernissen, stärken ein einfühlsames Vertrautmachen und eine anschließende schrittweise Erziehung das Vertrauen und den Gehorchsam.

▸▸ Manche Pferde zeigen niemals eine Beunruhigung, egal welcher Art. Andere fühlen sich während Ihrer gesamten Karriere als Vielseitigkeitspferd wegen dieser Enge immer unwohl.

Worauf muss ich beim Anreiten achten?

▸▸ Seien Sie darauf gefasst, dass Ihr Pferd sich während des Sprunges duckt. Wegen des Daches zeigt es vielleicht eine Abneigung, in die Luft zu springen.

▸▸ Reiten Sie nicht zu schnell an, damit das Pferd genug Zeit hat, die außergewöhnlichen Umstände einzuschätzen und zu verstehen. Zusätzlich besteht die Möglichkeit, dass sich das Licht ändert oder Schatten geworfen werden. Hohes Tempo führt zu Verwirrung und Besorgnis.

Ein schönes Trainingshindernis mit einem hohen, luftigen Dach, das ideal geeignet ist, ein junges Pferd mit überdachten Hindernissen vertraut zu machen. Hier wäre es möglich, vor dem Springen zuerst im Schritt unter dem Dach um das Hindernis herumzureiten.

Wie soll ich mein Pferd mit diesem Hindernistyp vertraut machen?

▸▸ Sehr wenige von uns sind in der glücklichen Lage, eigene Geländehindernisse zu besitzen. Sparen Sie sich diese Erfahrung aber nicht für einen Wettkampf auf, wenn Sie gezwungen sind, nur einmal unter Druck anreiten zu können.

▸▸ Suchen Sie sich ein kleines, einfaches Hindernis mit einem Dach, wo Sie Ihr gesamtes Trainingsprogramm abspulen können. Fangen Sie, sofern es die Konstruktion des Hindernisses erlaubt, damit an, unter dem Dach im Schritt um das Hindernis herum zu gehen. Traben Sie danach über das Hindernis, möglichst hinter einem erfahrenen Führpferd her, bevor Sie zum Schluss aus dem Galopp anreiten.

▸▸ Wenn Sie Ihre Hausaufgaben gründlich gemacht und einen soliden Grundstock gelegt haben, ist es sehr wahrscheinlich, dass Sie auch später nie auf Probleme stoßen werden. Einige der Aufgaben, die heutzutage an die Pferde gestellt werden, wie z.B. Schlüssellöcher oder Eulenlöcher – erscheinen unnatürlich eng.

Mit der richtigen Ausbildung bekommt das Pferd soviel Vertrauen, dass es sich an Sprünge, wie dieses Eulenloch heranwagt.

WICHTIG - ÜBERDACHTE HINDERNISSE

- **Reiten Sie langsam an.**
- **Geben Sie dem Pferd die Möglichkeit, sich mit dem Hindernis und der Umgebung vertraut zu machen.**
- **Warten Sie mit dem Springen Ihres ersten überdachten Hindernisses nicht bis zu einem Turnier. Üben Sie diese Hindernisse im Training.**

Rennbahn

Worauf muss ich beim Reiten der Rennbahn achten?

▸▸ Werden Sie nicht leichtsinnig.

▸▸ Es ist wichtig, die grundlegenden Elemente sicheren Reitens im Gelände nicht zu Gunsten der Notwendigkeit, schneller zu reiten, zu vergessen.

▸▸ Geben Sie die grundlegenden Voraussetzungen, wie Rhythmus, Balance und Einwirkung nicht auf.

▸▸ Das Reiten auf der Rennbahn sollte lediglich als Erweiterung des mutigen Vorwärtsreitens gesehen werden. Meistens sind die Hindernisse einladende weiche Bürsten, deshalb gelten hier die selben Prinzipien wie für das Reiten von Weitsprüngen.

▸▸ Der Galoppsprung beim Anreiten sollte allmählich verlängert werden, um genug Fluss im Rhythmus über dem Sprung zu erhalten. Das ist nur möglich, wenn der Galopp nicht auseinandergefallen ist und der Reiter alles unter Kontrolle hat. Der Galoppsprung darf niemals flach und ohne Versammlung sein.

▸▸ Mangelnde Einwirkung führt zu mangelnder Präzision.

Ein Rennbahnsprung wird beherzt und voller Vertrauen überwunden.

- Im Idealfall sollte der Reiter immer dann vorwärtsreiten und somit die Galoppsprünge verlängern wenn er nicht in der Lage ist, die richtige Distanz für den richtigen Absprungpunkt zu sehen. Wenn der Galoppsprung aber in dieser Situation bereits langgestreckt ist, geht der Reiter ein Risiko ein. Sicherheit ist von allerhöchster Bedeutung. Bereiten Sie sich deshalb darauf vor, Ihr Tempo im Notfall vorsichtig zu verringern. Können Sie dies ohne Widerstand oder einer deutlichen Veränderung im Rhythmus erreichen, wird es wahrscheinlich ein erfolgreicher jedoch etwas unglücklicher Sprung. Danach muss der Galopp korrigiert werden, damit er wieder effizienter wird. Verbesserte Versammlung, mehr Einwirkung und ein gefestigter Rhythmus machen es Ihnen dann wieder möglich, die Galoppsprünge vor dem Hindernis zu verlängern.

- Die Steigbügel sollten etwas kürzer als im Gelände sein. Dadurch kann der Reiter im schnelleren Tempo besser über dem Schwerpunkt des Pferdes bleiben.

- Sie müssen gewillt sein, das Rennbahnreiten zu üben. Ein einzelnes Hindernis genügt für Anfänger.

WICHTIG - RENNBAHN

- **Geben Sie die Basics wie Einwirkung, Balance und Rhythmus nicht auf.**
- **Versuchen Sie den Galoppsprung vor dem Hindernis zu verlängern.**

4 Probleme, die auf dem Turnier auftreten

Übermässig viele Zeitfehler

- Am Anfang der Ausbildung und während der ersten Turniere sollte man dies nicht als Problem sehen.

- Als erstes muss das Gleichgewicht hergestellt werden, Kontrolle gewonnen und der Rhythmus gefestigt werden. Aufbauend darauf kann man das Tempo mit Leichtigkeit forcieren, ohne die Leistung oder die Sicherheit aufs Spiel zu setzen.

- Der Verlust von Einwirkung, Balance und Rhythmus macht Sie in der Tat langsamer. Der Kampf um Ihre Dominanz über Ihr Pferd erschwert das Vorwärtsreiten zusätzlich.

- Beschleunigen und bremsen Sie nicht ruckartig, sondern halten Sie einen gleichmäßig flüssigen Rhythmus. Das Rasen zwischen den Sprüngen mit anschließendem Kampf vor dem Hindernis macht Sie automatisch langsamer.

- Je größer der Abstand zum Hindernis, in dem Sie beginnen, Balance und Einwirkung herzustellen, umso langsamer werden Sie. Es ist besser, die richtigen »Zutaten« für einen guten Sprung während des Galopps zwischen den Hindernissen nicht zu verlieren.

- Sie sollten nur dann über andere Methoden zur Verbesserung Ihrer Geländezeit nachdenken, wenn Sie sicher sind im Gleichgewicht und kontrolliert unterwegs zu sein und trotzdem nicht in der Zeit sind.

- Überprüfen Sie zuerst, ob Sie wirklich den kürzest möglichen Weg zwischen den Hindernissen reiten. Achten Sie darauf, in den Wendungen, in denen keine Sprünge stehen, nicht unnötig weit auszuholen. Reiten Sie keine Schlangenlinien. Lassen Sie Ihre Augen oben – es hilft, nach vorne zu sehen.

- Schauen Sie beim Abgehen der Geländestrecke, gelegentlich nach hinten und überprüfen Sie, ob Sie auf dem kürzesten Weg an diesem Punkt angekommen sind. Dadurch können Sie wertvolle Sekunden sparen ohne schneller zu reiten.

- Werden Sie ehrgeizig und beschleunigen Ihr Tempo, sollten Sie dies nach und nicht vor dem Sprung tun. Nehmen Sie sich die Zeit, die Hindernisse sauber und korrekt zu überwinden.

- Wenn Sie nach dem Sprung keine Zeit verlieren, können Sie sich eine Sekunde pro Hindernis sparen – das macht beinahe eine halbe Minute auf dem ganzen Kurs aus. Geben Sie während der Landung Druck mit Ihrem Schenkel, damit Sie sofort wieder in vollem Galopp sind. Das wird Sie auch daran erinnern, zwischen den Hindernissen nach vorne zu denken und das Tempo nicht einschlafen zu lassen.

▸▸ Verschwenden Sie keine wertvollen Sekunden nach der Landung, indem Sie im Triumph des erfolgreichen Überwindens des Hindernisses schwelgen. Belohnen Sie sich und Ihr Pferd durch positives Vorwärtsreiten. Wenn Sie vier oder fünf Galoppsprünge brauchen, um wieder in Gang zu kommen, verschwenden Sie Zeit.

▸▸ Machen sie sich zu Hause mit dem erforderlichen Tempo für Ihren Schwierigkeitsgrad vertraut. Messen Sie sich eine bestimmte Strecke ab, z.B. von A nach B ab, 500 Meter = A-Vielseitigkeit oder 520 Meter für eine L-Vielseitigkeit.

▸▸ Anschließend reiten Sie mit Hilfe einer Stoppuhr in dem Tempo, indem Sie unterwegs sein sollten. Um von Punkt A zu B kommen, sollten Sie in beiden Fällen eine Minute brauchen. Mit etwas Training bekommen Sie mehr Gefühl und Verständnis.

▸▸ Denken Sie daran, dass es bei jeder Geländestrecke langsamere Abschnitte gibt, die sich durch den Wald schlängeln, scharfe Kurven oder steile Hänge. Dabei ist es nicht immer möglich, in der optimalen Geschwindigkeit unterwegs zu sein. Sie müssen aufpassen, nicht zu schnell für Boden- oder Wetterverhältnisse zu reiten, versuchen Sie aber gerade Strecken auf der Ebene auszunützen ohne den Rhythmus deutlich zu stören.

Spannung

▸▸ Dass junge oder unerfahrene Pferde durch die besondere Atmosphäre auf dem Turnier beeinflusst werden, ist unvermeidlich. Große Gruppen anderer Pferde, Lautsprecher, Applaus etc. erscheinen anfangs fremd und unheimlich.

▸▸ Es ist so gut wie unmöglich, diese Atmosphäre zu Hause zu simulieren. Stellen Sie sich deshalb darauf ein, diesen Teil des Trainings woanders oder auf dem Turnier zu unternehmen.

▸▸ Sie selbst müssen versuchen, immer gelassen zu bleiben. Jede offensichtliche Spannung oder Änderung in der Einstellung des Reiters überträgt sich auf das Pferd und irritiert es.

▸▸ Kommen Sie rechtzeitig auf dem Turnier an, um den Stressfaktor der knappen Zeit zu vermeiden. Eile führt zu panischen Reaktionen bei Pferd und Reiter.

▸▸ Erwarten Sie keine sofortige Aufmerksamkeit oder Gehorsam. Es ist ganz normal, dass ein intelligentes Pferd Interesse an seiner Umgebung zeigt. Bummeln Sie vielleicht am Anfang am langen Zügel herum, geben Sie ihm die Möglichkeit, sich mit den zusätzlichen Ablenkungen vertraut zu machen und sich wohlzufühlen. Anschließend ist Ihr Pferd wahrscheinlich sehr viel konzentrierter, wenn Sie anfangen zu arbeiten und abzureiten.

» Ist aufgrund früherer Temperamentsausbrüche Spannung zu erwarten, kann es eine gute Idee sein, das Pferd vor dem Reiten zu longieren. Das verringert die Wahrscheinlichkeit einer Auseinandersetzung zwischen Pferd und Reiter in einer Zeit, in denen die Nerven das Denken beider beeinflussen. Das Longieren hilft sowohl dem Pferd seine überschüssige Energie loszuwerden als auch, sich körperlich und geistig zu entspannen.

» Versuchen Sie Ihr Pferd so »normal« wie möglich zu arbeiten. Werfen Sie dabei die Grundregeln Ihrer Ausbildung nicht über Bord.

» Akzeptieren Sie, dass Ihr Pferd wahrscheinlich wesentlich eifriger vorwärts geht. Obwohl Sie einfühlsam reiten, um das Pferd bei der Entspannung zu unterstützen, sollten Sie nicht aufhören, vorwärts zu treiben und einen konstanten Schenkeldruck zu halten. Die Akzeptanz des Schenkels ist ein wichtiger Gesichtspunkt, möchten Sie eine Überreaktion auf eine Hilfe vermeiden.

» Beschäftigen Sie den »Geist« Ihres Pferdes in aller Ruhe, machen Sie Ihre Anforderungen aber allmählich schwieriger. Das Reiten von Volten, laterale Biegearbeit, Übergänge etc. erfordern Aufmerksamkeit und Reaktion, fördern dabei aber das kontrollierte Vorwärtsreiten.

Schwierigkeiten in der Startbox

» Das Problem, ein Pferd nicht in die Startbox zu bekommen oder keinerlei Einwirkung mehr zu haben, sobald es in der Box steht, kann sehr schnell entstehen. Oftmals hat der Reiter dieses Problem unwissentlich selbst geschaffen. Wie in allen Fällen, zahlt sich auch hier ruhiges und vernünftiges Training aus.

» Übereifrigkeit bei Pferd oder Reiter muss besänftigt werden. Steigen und Umdrehen sind Zeichen für die Unfähigkeit, mit dem Druck zunehmender Aufregung umzugehen. Der Reiter kann durch seine eigenen, verstärkten Gefühle in einem hohen Maß dazu beitragen.

» Die Spannung muss reduziert werden.

» Kommen Sie rechtzeitig an der Startbox an. Wenn Sie spät und in Eile dort ankommen, verstärken Sie das Gefühl von Spannung und Druck. Es wird schnell lernen, was zu erwarten ist, wenn es in die Startbox und noch schneller aus der Box gehetzt wird.

» Gehen Sie einige Minuten vor dem Start in aller Ruhe zum Eingang der Startbox. Reiten Sie einige Volten in der Nähe, traben Sie in ruhigem Tempo auf die Startbox zu und wieder weg.

» Wenn Sie damit rechnen, dass Ihr Pferd durch die enge Startbox nervös oder irritiert ist, bitten Sie am besten jemanden mit Erfahrung darum, Ihr Pferd in die Startbox zu führen. Ihr Helfer könnte sogar in der Start-

Das Pferd auf der linken Seite zeigt Spannung in der Startbox, während das Pferd rechts ruhig und konzentriert aussieht. Nehmen Sie sich in den Anfangsstadien der Ausbildung Ihres Pferdes Zeit um sicherzustellen, dass das Betreten der Startbox kein Thema wird.

box stehen bleiben, um das Pferd zu beruhigen und ihm Sicherheit zu geben.

▸▸ Stellen Sie sich entspannt mit der Hinterhand zum Ausgang der Startbox. Versuchen Sie beim Hinausreiten eine halbe Volte zu machen anstatt das Pferd herumzuschleudern. Lassen Sie es nicht herausschießen, wenn es den Start antizipiert. Das macht das nächste Mal noch schwieriger.

▸▸ In ganz extremen Fällen müssen Sie vielleicht die Startbox im Trab verlassen und ganz allmählich beschleunigen. Pferde lernen durch Wiederholungen im Training sowohl Gutes als auch Schlechtes.

▸▸ In den meisten Fällen würden Pferde, die während eines Turnierstarts unkontrolliertes Verhalten an den Tag legen, wahrscheinlich keines dieser Probleme zeigen, brächte man sie am nächsten Tag wieder auf denselben Platz, ohne die Ablenkungen durch die Turnieratmosphäre. Das würde aber auch zeigen, dass das Problem in den Begleitumständen liegt und nicht in der Startbox.

Guckrigkeit

▸▸ Vermeiden Sie eine direkte Konfrontation mit Ihrem Pferd und dem Objekt seiner Beunruhigung. Aggressives, direktes Angehen von unheimlichen Dingen bereinigt die Sache kurzfristig, schafft aber auch weitere Schwierigkeiten in der Zukunft.

▸▸ Versuchen Sie die Aufmerksamkeit Ihres Pferdes vom Objekt seiner Abneigung wegzulenken und sich stattdessen auf Sie zu konzentrieren. Scheut es zum Beispiel vor einer Bandenwerbung oder irgendeiner Sache außerhalb der Strecke, lassen Sie es in die entgegengesetzte Richtung übertreten. Konzentrieren Sie seine Aufmerksamkeit auf irgendetwas in der entgegengesetzte Richtung dazu und reiten Sie vorwärts in Richtung des Problems.

▸▸ Beschleunigen Sie nicht, und vor allem dann nicht, wenn Sie damit rechnen, dass Ihr Pferd bei einem bestimmten Hindernis scheut. Geben Sie ihm genug Zeit, das Problem einzuschätzen und mit seinem Sorgen fertig zu werden und dabei gleichmäßig vorwärts zu gehen. Eile kann eine negative Reaktion herbeiführen.

▸▸ Geben Sie Ihrem Pferd ausreichend Gelegenheit, sein Vertrauen in Sie, seinen Reiter, aufzubauen. Es mag zum Beispiel notwendig sein, das Pferd im Training mit »unheimlichen« Dingen vertraut zu machen. Verkleinern Sie den Zirkel um eine unbekannte Sache, das bringt Sie näher an das Objekt, ohne das Pferd direkt damit zu konfrontieren. Erhalten Sie seine Konzentration während der ganzen Übung und bereiten Sie sich darauf vor, diese regelmäßig zu wiederholen. Versuchen Sie Ihr Pferd nicht unter Druck zu setzen. Nehmen Sie sich Zeit und bleiben Sie geduldig.

Die Einwirkung geht verloren

▸▸ Viele Pferde werden durch die aufregende Atmosphäre des Turniers viel stärker als zu Hause.

▸▸ Sehr oft trägt der Ehrgeiz oder die zunehmende Ängstlichkeit des Reiters dazu bei, dass dieses Problem auftritt.

▸▸ Ruinieren Sie in der Hitze des Gefechts nicht die mentale Stabilität Ihres Pferdes und werfen Sie nicht alles über Bord, was Sie im Training aufgebaut haben. Haben Sie das Gefühl, die Kontrolle zu verlieren, ist es vielleicht notwendig, Ihren eigenen und den Enthusiasmus Ihres Pferdes etwas zu dämpfen und Balance und Rhythmus wieder herzustellen. Sobald die Einwirkung wiedergewonnen ist, ist es wieder wichtig, auf die Geschwindigkeit zu achten.

▸▸ Versuchen Sie nicht mit hoher Hand in einem Kampf Ihrem Pferd zu beweisen, dass Sie der Stärkere sind. Es wird unvermeidlich gewinnen.

▸▸ Tragen Sie Ihre Hände tief am Pferdehals. Leichte Jockeys sind in der Lage, hochtrainierte, stark pullende Pferde mit einer Zügelbrücke zu halten. Eine ganze Zügelbrücke ist für das Geländereiten mit vielen Wendungen, Wällen, Tiefsprüngen etc. unpraktisch, eine halbe Brücke kann aber sehr nützlich sein. Drücken Sie bei kurzen Zügeln eine Hand genau vor dem Widerrist auf den Pferdehals. Jetzt zieht das Pferd gegen sein Gewicht und Sie können Ihre Kraft aufsparen.

▸▸ Unter dem Aspekt der Sicherheit kann man über ein schärferes Gebiss nachdenken, gehen Sie aber nicht davon aus, dass dies die Lösung aller Probleme ist. Wenn das Problem im Kopf Ihres Pferdes steckt, ruinieren Sie eventuell sein gutes Maul mit einem zu scharfen Gebiss. Ziehen Sie in Gebissfragen einen Experten zu Rate und geben Sie im Training nicht zu schnell auf.

Ratschläge zum Abreiten

▸▸ Nehmen Sie sich ausreichend Zeit, um Ihre Vorbereitung zu komplettieren. Es ist besser, das Abreiten mit einigen entspannenden Schrittphasen zu verlängern.

▸▸ Gehen Sie beim Abreiten schrittweise voran.

▸▸ Beginnen Sie langsam mit einfacher Dressurarbeit, um Ihr Pferd zu lösen, bevor Sie mit dem Springen beginnen. Am Ende des Aufwärmens legen Sie im Galopp ein oder zwei Gänge zu. Das stellt Ihr Pferd psychisch und physisch auf das Gelände ein.

▸▸ Springen Sie das Übungshindernis aus einem angenehmen Rhythmus in einem gemäßigten Tempo und Galopp. Einige Wiederholungen festigen Ihr Vertrauen. Benutzen Sie anschließend dasselbe Hindernis, um sie beide auf die kommenden Schwierigkeiten einzustellen. Versuchen Sie etwas mutiger zu springen, dazu verlängern Sie die Galoppsprünge beim Anreiten. Versuchen Sie den Galopp beim Anreiten zu versammeln und maximale Einwirkung zu erreichen, dazu wenden Sie enger zum Hindernis ab.

▸▸ Reiten Sie schräg an das Hindernis, um das Geradesein abzuprüfen.

▸▸ Wiederholen Sie jede Übung, mit der Sie nicht ganz glücklich sind, solange bis Sie zufrieden sind. So gehen Sie mit einer positiven Einstellung an den Start Ihres Geländerittes.

▸▸ Achten Sie auf dem Abreiteplatz auf andere Reiter, die mit ihren Vorbereitungen beschäftigt sind. Kreuzen Sie nicht den Weg der anderen Reiter, reiten Sie nicht vor ein Hindernis ohne darauf aufzupassen.

Tipps zu Wetter und Bodenverhältnissen

▸▸ Sind Wetter und Bodenverhältnisse alles andere als ideal, werden Sie einige kleinere Änderungen vornehmen müssen, versuchen Sie aber nicht, Ihr ganzes Konzept zu verändern. Kleine Anpassungen basierend auf den Problemen, die sich stellen, sind vollkommen ausreichend.

▸▸ Wenn bei starkem Regen der Boden tief oder rutschig ist, reiten Sie etwas langsamer. Das verbessert die Einwirkung, fördert die Stabilität und verringert das Risiko.

▸▸ Lassen Sie Ihr Pferd bei Nässe nicht im Stich, weil Sie mit langen Zügeln reiten. Unterstützen Sie es stattdessen gut mit Hand und Schenkel.

▸▸ Erhalten Sie einen Galopp, der etwas versammelter als normal ist, so verhindern Sie übermäßiges Wegrutschen- oder schleudern.

▸▸ Gehen Sie sicher, dass Ihre Verbindung zum Pferdemaul durch die Nässe nicht beeinträchtigt wird. Gummizügel sind empfehlenswert, weiche Lederhandschuhe nicht.

▸▸ Bei sehr tiefem oder schlammigem Boden, darf der Vorwärtsimpuls nicht verloren gehen. Bemühen Sie sich, die Antriebskraft zu verstärken, um die zusätzliche Anstrengung auszugleichen, die das Springen kostet. Versuchen Sie »die Feder zu spannen« und die Hinterhand unter den Körper zu bringen, um vermehrt Antriebskraft zu schaffen ohne schneller zu werden.

▸▸ Bleiben Sie positiv und versuchen Sie die Vorwärtstendenz zu erhalten. Bremsen Sie nicht plötzlich vor den Hindernissen, der Impuls geht sonst verloren.

▸▸ Stellen Sie sich darauf ein, dass Ihr Pferd bei großer Hitze und hoher Luftfeuchtigkeit schneller müde wird. Behalten Sie während der ganzen Zeit einen angenehmen Rhythmus bei, den Sie notfalls am Ende der Strecke beschleunigen können.

▸▸ Um etwas mehr Energie für die Strecke aufzusparen, können Sie das Abreiten bei großer Hitze ein wenig verkürzen.

▸▸ Stellen Sie sich darauf ein, dass das Pferd bei Hitze und Feuchtigkeit mehr schwitzt. Treffen Sie im Hinblick auf die Griffigkeit des Zügels dieselben Vorbereitungen, wie Sie sie bei Nässe treffen würden. Schweißnasse Zügel sind ebenfalls rutschig, und auch wenn Sie dazu neigen, weniger Kleidung zu tragen, sind Handschuhe unverzichtbar.

▸▸ Stellen Sie bei Hitze alles, was Sie brauchen, um das Pferd nach dem Gelände abzukühlen, großzügig bereit. Verwenden Sie jede Menge Wasser und Eis, sofern erhältlich, um die Temperatur des Pferdes schnell auf den Normalwert zurückzuführen. Führen Sie Ihr Pferd in aller Ruhe, bis sich die Atmung beruhigt hat.

▸▸ Sie müssen sich der Wirkung bewusst sein, die sehr harter Boden auf die Leistung Ihres Pferd hat. Bestrafen Sie es nicht durch unnötiges Springen, Prellungen können die Folge sein. Reiten Sie mit Überblick und nicht ständig in einem hohen Tempo, vor allem nicht bei Tiefsprüngen oder Wällen.

▸▸ Wählen Sie Stollen, die den Bodenverhältnissen angepasst sind. Nehmen Sie größere und viereckige Stollen bei tiefem Boden und schärfere, spitzere Stollen für schlüpfrigen und rutschigen Boden.

Tipps zum Abgehen der Geländestrecke

- Wenn Sie unerfahren sind, versuchen Sie am besten, den Kurs mit jemand abzugehen, der mehr Ahnung hat als Sie selbst. Er oder sie wird eher in der Lage sein, Probleme zu erkennen, die Sie vielleicht nicht sehen, und kann Sie bei der Problemlösung beraten.

- Schenken Sie Ihrem ersten Eindruck von einem Hindernis und Ihrer ersten Reaktion darauf besondere Aufmerksamkeit. Denken Sie daran, dass Ihr Pferd nicht die Gelegenheit hat, die Strecke vorher abzugehen und deshalb die Hindernisse während Ihrer Runde zum erstenmal sieht. Versuchen Sie beim Abgehen die Hindernisse auch durch die Augen Ihres Pferdes zu sehen.

- Bummeln Sie nicht in großen Gruppen durch die Strecke und machen Sie kein gesellschaftliches Ereignis daraus. Konzentrieren Sie sich auf die Aufgabe, die vor Ihnen liegt und gehen Sie flott. Flinkes Gehen gibt Ihnen einen besseren Gesamteindruck des ganzen Kurses. Meiden Sie häufige Pausen oder eine schludrige Einstellung.

- Schenken Sie dem Weg, den Bodenverhältnissen und jeglichen Schwierigkeiten zwischen den Hindernissen die gleiche Aufmerksamkeit wie den Sprüngen.

- Merken Sie sich beim Abgehen die Nummern an den Hindernissen, um keines auszulassen.

- Suchen Sie sich den Weg oder die Alternative aus, die Ihren Stärken und Schwächen und denen Ihres Pferdes am meisten entgegenkommt. Sie können diese am besten einschätzen, lassen Sie sich also nicht von Außenstehenden zu irgendetwas überreden, von dem Sie nicht überzeugt sind. Hören Sie auf ernstzunehmende Ratschläge, aber lassen Sie sich von endlosen Vorschlägen Unwissender nicht beeindrucken.

- Bleiben Sie nicht an einem bestimmten Hindernis hängen. Nehmen Sie sich ausreichend Zeit, um alle Möglichkeiten auszuloten und Schwierigkeiten zu analysieren, Sie müssen dann aber eine Entscheidung treffen und weitergehen. Das endlose Starren in einen tiefen Graben oder das unnötige Verschwenden zusätzlicher Zeit lenken Sie nur von den eigentlichen Aufgaben ab.

- Wenn Sie die Strecke am Tag vor dem Turnier abgehen, müssen Sie sich bewusst sein, dass sich Wetter- und Bodenverhältnisse über Nacht ändern können. Stellen Sie sich auf mögliche Lichtunterschiede zwischen Sonne und Wolken ein und achten Sie auf den Sonnenstand zu der Tageszeit, in der Sie starten.

- Blicken Sie von Zeit zu Zeit, kurz vor einem Hindernis, in die Richtung zurück, aus der Sie gekommen sind. Das wird Ihnen helfen, den Weg zwischen den Hindernissen zu verkürzen, indem Sie sicherstellen, den effizientesten oder am besten geeigneten Weg gegangen zu sein. Man kommt leicht vom Weg ab, vor allem, wenn man nach unten schaut.

▸▸ Merken Sie sich, wo während des Kurses langsame oder schnelle Abschnitte kommen. Kurvige Strecken, wie z.B. durch Bäume, erfordern Vorsicht. Heben Sie deshalb die Galoppier-Strecken, bei denen Sie Zeit gut machen können, hervor.

▸▸ Achten Sie darauf, wo die Strecke mehr oder weniger Kraft von Ihrem Pferd erfordert. Gibt es eine lange Steigung? Ist diese am Anfang des Kurses oder am Ende? Setzen Sie Ihren gesunden Menschenverstand ein, um einen passenden Schlachtplan zu entwerfen.

▸▸ Stellen Sie sich während des Abgehens Ihren eigenen Ritt vor. Denken Sie in Ihrer Vorstellung positiv.

▸▸ Nehmen Sie sich Zeit, das Gesehene zu verdauen, sobald Sie mit der Begehung fertig sind. Gehen Sie im Kopf durch den ganzen Kurs, als würden Sie ihn reiten. Das sollte beinahe soviel Zeit in Anspruch nehmen wie das eigentliche Abgehen.

Tipps, um ein Ausscheiden zu vermeiden

▸▸ Lesen Sie sich die LPO durch und prägen Sie sich die Bestimmungen zu Ausrüstung, Verhalten, Qualifikation von Reiter und Pferd etc. ein. Befragen Sie den Technischen Delegierten bei jeder Art von Unsicherheit.

▸▸ Gehen Sie Ihre Strecke gründlich ab. Lassen Sie keine Hindernisse aus, keine einzelnen Elemente der Sprünge oder Pflichttore. Springen Sie kein Hindernis in der verkehrten Reihenfolge oder außerhalb der Abfolge der Nummerierung.

▸▸ Verändern Sie beim Abgehen nichts an den Hindernissen. Das Entfernen von Behinderungen, das Abschneiden von Büschen oder Zweigen etc. mögen Ihr Anreiten erleichtern oder Ihrer Vorstellung entgegenkommen, sie sind aber vielleicht in der Tat ein Teil der Aufgabenstellung, die dem Aufbauer vorschwebt. Alle Aspekte, die Sicherheit betreffend, wie Löcher, scharfe Kanten etc. sollten an den technischen Delegierten weitergegeben werden.

▸▸ Machen Sie sich mit der Nummerierung der Hindernisse vertraut, vor allem bei Kombinationen. Achten Sie darauf, wie jeder Sprung ausgeflaggt ist. Sie müssen jedes Flaggenpaar auf der gesamten Strecke durchreiten, lassen Sie alle weißen Flaggen links und alle roten Flaggen rechts liegen.

▸▸ Finden bei derselben Veranstaltung mehrere Prüfungen statt, müssen Sie genau wissen, welche Farbe Ihre Nummern haben und welche Flaggen zu Ihrer Prüfung gehören.

⏩ Sehen Sie sich alle Alternativen, sowohl bei Hinderniskomplexen als auch bei Einzelsprüngen genau an. Sollten Sie beim ersten Anreiten keinen Erfolg haben, ist es besser, einen anderen Weg zu wählen.

⏩ Denken Sie daran, dass es beim Springen von Kombinationen niemals nötig ist, ein bereits überwundenes Hindernis noch einmal zu springen (im Unterschied zum Springparcours). In manchen Fällen, wie z.B. bei Tiefsprüngen und Treppen, empfiehlt es sich allerdings, noch einmal beim ersten Element zu beginnen. Das ist erlaubt. Meist ist aber einfacher, wenn Sie versuchen, die verbleibenden Elemente zu überwinden.

⏩ Das nochmalige Springen eines bereits überwundenen Hindernisses führt zum Ausschluss.

⏩ Sollten Sie das Pech haben, sich von Ihrem Pferd zu trennen, müssen Sie darauf achten, auf welcher Seite des Hindernisses das Pferd gelandet ist – auf der Absprung- oder auf der Landeseite? Sie müssen die Flaggen gemeinsam passieren!

⏩ Vermeiden Sie das Reiten von Volten sobald Sie Ihr Pferd in Richtung des Sprunges gerichtet haben oder innerhalb von Kombinationen.

⏩ Finden Sie sich rechtzeitig am Start ein.

⏩ Während Sie auf dem Pferd sitzen ist fremde Hilfe verboten. Ausgenommen davon, ist das Reichen von Brille, Gerte oder Helm.

⏩ Sind Sie abgestiegen, ist Hilfe beim Einfangen des Pferdes, Anpassen des Sattelzeuges oder beim Aufsteigen gestattet. Denken Sie daran, dass der Begriff »Fremde Hilfe« auch einen mündlichen Ratschlag oder Richtungshinweise beinhaltet.

⏩ Sie werden von der Veranstaltung ausgeschlossen wenn Sie beim Reiten eine Gefahr darstellen oder wenn Sie ein müdes Pferd über Gebühr antreiben. In Ihrem Sinne und im Sinne Ihres Pferdes sollten Sie bereitwillig akzeptieren, dass es zukünftig noch viele Möglichkeiten gibt und deshalb besser aufgeben.

5 Übungen für das Training zu Hause

Trainingstipps

▸▸ Gehen Sie immer weiter vorwärts. Lassen Sie keine Lücken, weil Sie einzelne Schritte in der Ausbildung überspringen oder übertrieben ehrgeizig sind.

▸▸ Im Training hat man Zeit, um Informationen einzu holen und das gegenseitige Verständnis zu festigen. Turniere prüfen den Standard, den man im Training erreicht hat, ab.

▸▸ Während des gesamten Trainings müssen Sie sich darum bemühen, daß Ihr Pferd im Grundprinzip richtig arbeitet, d.h., Sie müssen Balance, Rhythmus, Einwirkung und Beweglichkeit fördern. Bemühen Sie sich aber auch darum, speziell auf die ganz besonderen Bedürfnisse Ihres Pferdes einzugehen.

▸▸ Gehen Sie systematisch vor und analysieren Sie die Ergebnisse. Planen Sie Ihre Trainingseinheiten im Voraus und »verdauen« Sie das Resultat gründlich.

▸▸ Bleiben Sie immer wohlwollend und geduldig. Manche Angelegenheiten lassen sich langsamer lösen als andere. Denken Sie daran: Reiten soll schwierig sein, sonst würde es jeder tun!

Behandeln Sie jedes Pferd wie ein Individuum und variieren Sie in Ihrer Ausbildung dementsprechend. Ein Pferd das vor dem Hindernis losstürmt oder pullt, muss anders trainiert werden als ein Pferd, das ängstlich oder faul ist.

Übung 1

Zwei In-Outs aus dem Trab

Material

6 Hindernisständer
5 Stangen

Aufbau

Stellen Sie drei Steilsprünge mit jeweils einer Stange in einem gleichmässigen Abstand, so auf, daß zwei identische In-Outs entstehen. Normalerweise sind 3,30 m eine gute Distanz, abhängig von Größe und Pferdetyp kann man die Abstände geringfügig verändern. Sie brauchen keine Stangen als Grundlinie, aber eine Vorlegstange auf 2,70 m vor dem ersten Sprung und eine weitere 2,70 m hinter dem letzten Sprung.

Ich würde die Hindernisse kaum höher als 75 cm ziehen, meistens genügen 45-60 cm vollkommen.

Nutzen der Übung

- Das Pferd wird reaktionsschneller.
- Das Pferd wird athletischer.

Ein junges Pferd springt über zwei In-Outs aus dem Trab.

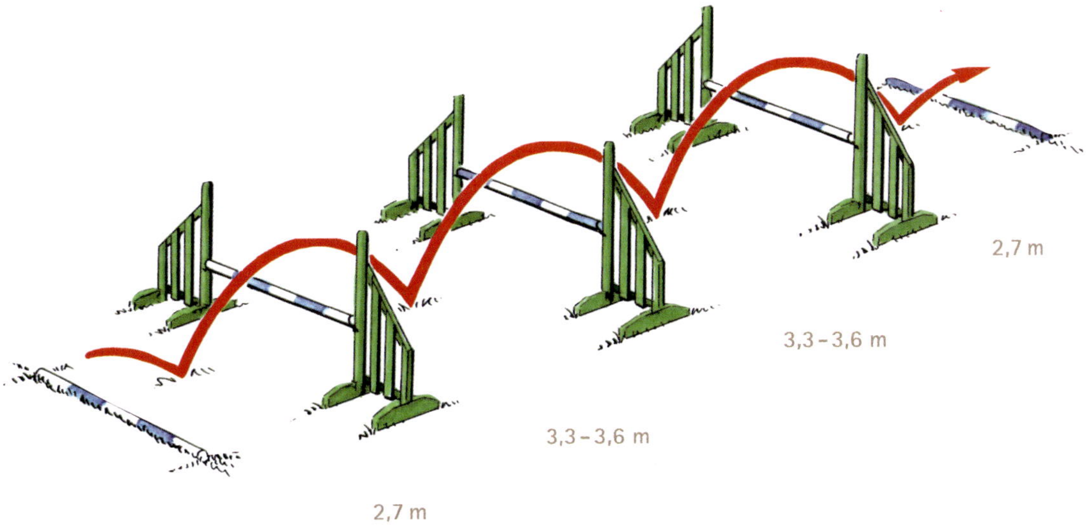

- Rhythmus und ein gleichmässiges Tempo wird etabliert.
- Um Pferd und Reiter werden elastischer.
- Das unabhängige Gleichgewicht des Reiters wird verbessert.

Punkte, die Sie beachten müssen

- Das Anreiten muß in einem geregelten Trab erfolgen.
- Über der ersten Vorlegstange wird eine geschmedigeGalopphilfe gegeben.
- Ihr Pferd sollte die Übung vor der letzten Stange am Boden beenden und sich in einem versammelten Galopp vom Hindernis entfernen.
- Das Pferd darf nicht hinter den Schenkel kommen oder nach Beenden der Übung in den Trab fallen.
- Das Pferd muß während der gesamten Übung gerade und in der Mitte der Hindernisse bleiben.
- Der Reiter sollte sein unabhängiges Gleichgewicht im Steigbügel halten und über dem Schwerpunkt seines Pferdes bleiben.
- Schieben Sie Ihre Schultern nicht nach vorne, lassen Sie Ihre Unterschenkel nicht nach hinten rutschen, sitzen Sie nicht schwer im Sattel und lassen Sie die Zügel nicht länger werden.
- Eine gleichmässige Verbindung der Hand mit beweglichen Ellenbogen reguliert die Geschwindigkeit. Druck mit dem Unterschenkel erhält den notwendigen Impuls.
- Die Verbindung zwischen Schenkel, Hinterhand und Reiterhand sollte geschmeidig verstärkt werden.

Übung 2

V-Stangen

Material

2 Hindernisständer
5 Stangen

Aufbau

Stellen Sie einen ganz normalen Steilsprung, bevorzugt mit Grundlinie, auf. Mit Hilfe zweier Stangen bauen Sie im Anschluß ein symmetrisches V. Dazu legen Sie die beiden Stangen auf die obersten Stange des Steilsprunges. Die Stangen berühren sich in der Mitte der obersten Stange und gehen am Boden auseinander. (siehe Zeichnung). Die Enge des V's, sowohl an der Stelle, an der es den Steilsprung berührt, als auch am Boden, steht in direkter Relation zu den Problemen Ihres Pferdes.

Nutzen der Übung

- Ein übereifriges oder pullendes Pferd wird abgebremst.
- Die Technik, vor allem die der Vorhand, wird bei einem unvorsichtigen Pferd verbessert.
- Die Schiefe und das Wegschwimmen wird korrigiert.
- Einen langsamer, wohlüberlegter Sprung wird vergrößert.

Punkte, die Sie beachten müssen

- Diese Übung sollte nicht mit einem ängstlichen oder nervigen Pferd gemacht werden. Auch dann nicht, wenn Ihr Pferd stark zurückkommt.
- Die V-Stangen engen den Absprungbereich des Pferdes ein, bremsen es ab und bringen es dazu, vor dem Absprung mehr Gewicht mit der Hinterhand aufzunehmen. Dadurch gewinnt das Pferd während der ersten Hälfte der Sprungkurve an Höhe und konzentriert sich vermehrt auf das Hindernis.
- Die V-Stangen verdoppeln die Wirkung der Hand; deren Einwirkung sollte weniger werden, dann wird das Anreiten und der Sprung geschmeidiger.

Dieses Pferd hebt seinen Oberarm mehr an und zeigt, unterstützt durch die V-Stangen, eine gute Basküle. Die Übung mit den V-Stangen ist bei Pferden, die losstürmen oder unvorsichtig sind, besonders effektiv.

- Die Stangen verhindern ein Wegschwimmen nach links oder rechts, das Pferd wird gerader.
- Sie können die V-Stangen sowohl bei Einzelsprüngen als auch in Reihen einsetzen, gelegentlich auch bei Oxern. Hier müssen Sie allerdings vorsichtig sein, um das Pferd nicht zu verschrecken.

Übung 3

Stange schräg auf einem Oxer

Material

4 Hindernisständer
5 Stangen

Aufbau

Bauen Sie einen gleichmässigen Carré-Oxer mit einer Stange als Grundlinie, anschließend legen Sie eine weitere Stange oben schräg auf den Oxer, von einer Seite der vorderen Stange zur anderen Seite der hinteren Stange.

Eine Stange, schräg auf einen Oxer gelegt, verbessert die Technik Ihres Pferdes. Das Pferd bekommt mehr Respekt vor der vorderen Stange und muss zurückkommen.

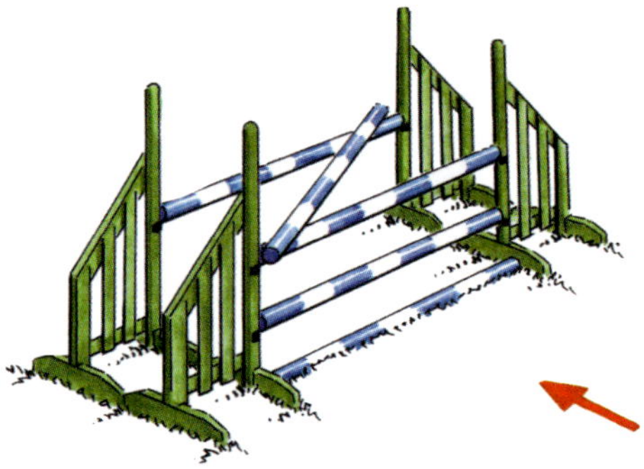

Nutzen der Übung

- Die Technik und die Basküle werden verbessert.
- Das Pferd wird zu mehr Respekt vor der vorderen Oxerstange erzogen.

Punkte, die Sie beachten müssen

- Die Schrägstange soll den höchsten Punkt der Sprungkurve in Richtung der vorderen Oxerstange verschieben, nicht in die Mitte oder nach hinten.
- Das Gewicht der zusätzlichen Stange sichert die vordere Oxerstange, sie fällt dadurch weniger leicht herunter. Das Pferd bekommt mehr Respekt. Normalerweise macht sich dies beim zweiten Sprung bemerkbar und ist bei einer unvorsichtigen Vor- oder Hinterhand gleichermassen wirkungsvoll.
- Der Reiter sollte in einem frischen Galopp anreiten und versuchen, so dicht wie möglich an das Hindernis zu kommen. Je weiter das Pferd von der idealen Absprungstelle entfernt ist, umso langsamer und nachlässiger ist das Vorderbein.
- Das Pferd muß über dem Hindernis gerade bleiben.
- Die schräge Stange bringt zusätzlich Höhe in die Sprungkurve.
- Um das Hindernis von beiden Seiten springen zu können, legen Sie eine Vorlegstange als Grundlinie auf jede Seite (siehe Foto oben).

Übung 4

Kleiner Steilsprung - großer Oxer - kleiner Steilsprung

Material

8 Hindernisständer
2 Planken
6 Stangen

Nutzen der Übung

- Der Galopp des Pferdes wird elastischer.
- Um mehr – kontrollierten – Impuls in den Galopp zu bringen.
- Die Technik des Pferdes wird verbessert.
- Das unabhängige Gleichgewicht des Reiters wird gefestigt.

Aufbau

Bauen Sie zuerst mit den beiden Planken einen Oxer auf. Es ist wirkungsvoller, hierbei keine Stangen als Grundlinie hinzulegen.

Sie können den Oxer in beliebiger Höhe bauen. Bei den ersten Versuchen sollte er allerdings nicht zu hoch sein. Sobald das Pferd den Oxer vertrauensvoll springt, stellen Sie einen kleinen Steilsprung in einem Abstand von 14 m vor den Oxer und einen kleinen Steilsprung 14 m hinter den Oxer. Diese Steilsprünge sollten ca. 60 cm hoch sein. Die Distanz von 13 m ist für drei Galoppsprünge relativ eng.

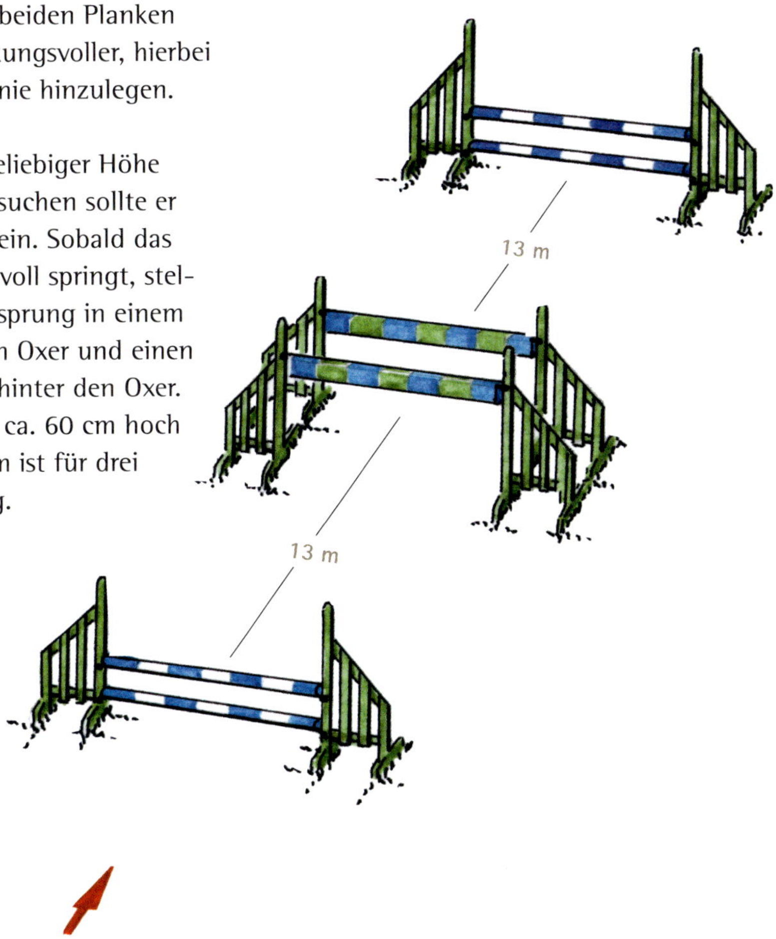

Punkte, die Sie beachten müssen

- Das Anreiten des ersten kleinen Steilsprunges sollte in einem versammelten, kontrollierten Galopp erfolgen. Ist das Pferd über den ersten Steilsprung »gehopst«, muss der Galopp über den Oxer bis zum letzten Steilsprung erhalten werden.

- Um genügend Antriebskraft für ein problemloses Überwinden des Oxers zu erhalten, muss der Reiter ausreichend mit dem Bein treiben.

- Sofort nach der Landung nach dem Oxer muß der Reiter die Hinterhand des Pferdes wieder zum Unterspringen bringen und den Galoppsprung vor dem Steilsprung versammeln.

- Hat der Reiter – im Idealfall – den ersten Galoppsprung nach dem ersten Steilsprung effizient geritten, kann der zweite und dritte Galoppsprung vor dem Oxer mit weicher Hand und einrahmendem Schenkel geritten werden, um das Pferd bei einem kraftvollem und doch geschmeidigen Sprung zu unterstützen.

- Beim Versammeln zwischen Steilsprung, Oxer und Steilsprung muss das Pferd immer gerade bleiben. Der Reiter darf keinen unnötigen Widerstand schaffen. Das Pferd muss in Rahmen und Bewegung rund und geschmeidig bleiben.

- Der Reiter sollte unabhängig im Gleichgewicht sitzen, der Schwerpunkt seines Gleichgewichts im Unterschenkel. Durch das Reiten im leichten Sitz, bekommt das Pferd die nötige Bewegungsfreiheit um in guter Basküle zu springen.

- Nach Beenden der Übung sollten Sie auf einer geraden Linie weiterreiten und den Galopp bis zu einem Übergang zum Schritt oder Halten versammeln. Das Pferd muß vor dem Durchparieren, wenn es zurückkommt, leicht in der Hand werden. Es darf nicht hinter den Schenkel kommen und in den Trab fallen.

- Der Reiter blickt über dem Oxer nach oben, um nicht aus dem Sattel zu geraten.

- Wird das Pferd unsicher oder ängstlich, hilft ihm eine Stange als Grundlinie des Oxers, das Vertrauen zurückzubekommen. Alternativ dazu können Sie auch den Oxer niedriger machen oder die Distanzen zwischen den Hindernissen vergrößern.

Übung 5

Handwechsel (1)

Material

2 Hindernisständer
3 Stangen

Aufbau

Bauen Sie einen einfachen Steilsprung mit einer großzügigen Grundlinie auf. Das Hindernis sollte zwar abhängig vom Erfahrungsstand des Pferdes sein, aber trotzdem relativ niedrig.

Nutzen der Übung

- Die laterale Biegung wird verbessert.
- Das Gleichgewicht auf beiden Händen wird verbessert.
- Die Rittigkeit wird verbessert.
- Vorausschauendes Reiten wird gefördert.

Punkte, die Sie beachten müssen

- Reiten Sie eine Acht, die das Hindernis als Kreuzungspunkt beinhaltet. Reiten Sie senkrecht auf das Hindernis zu.
- Denken Sie voraus in die Richtung, in der Sie landen möchten, von links nach rechts und von rechts nach links.
- Erhalten Sie auf dem Zirkel ein gleichmässiges, flüssiges Tempo, nehmen Sie sich dafür genug Zeit und Raum. Behalten Sie einen gleichmässigen Rhythmus bei.
- Bereiten Sie sich auf die Richtungsänderung vor, indem Sie als erstes entschlossen in die Richtung sehen, in die Sie reiten möchten. Sie können dieses Vorausschauen beinahe übertreiben, bis Sie bereits ganz früh das richtige Gespür für die gewünschte neue Richtung bekom-

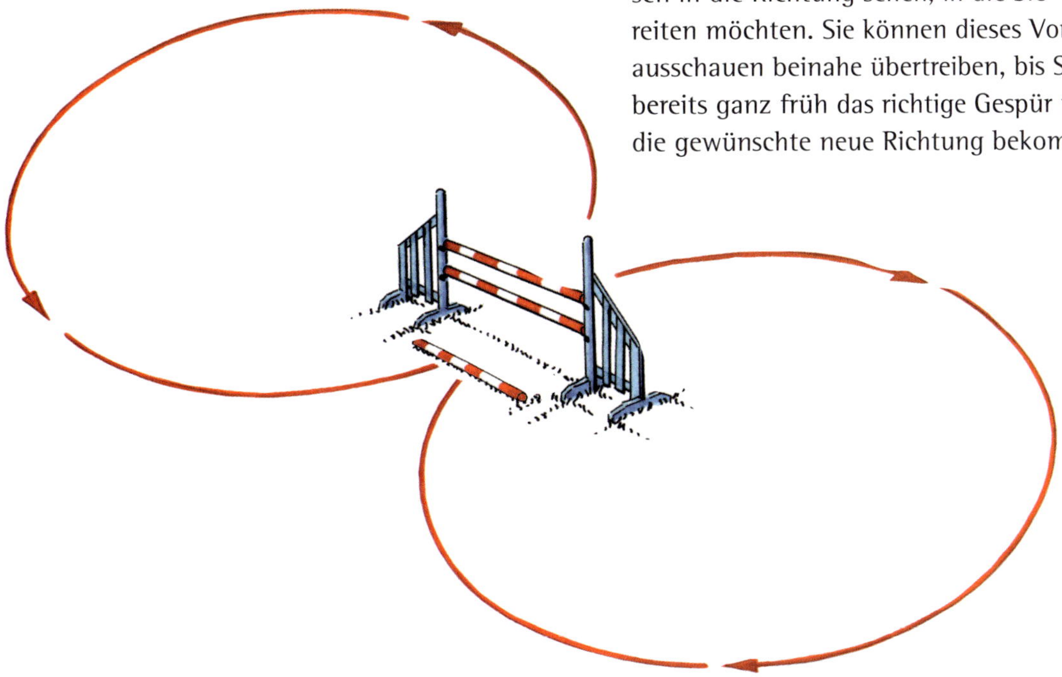

men. Führen Sie die innere Hand ein wenig nach innen und Ihr Pferd damit in die Wendung. Stören Sie die Sprungkurve nicht durch übermässiges Herumziehen am Zügel. Verlangern Sie Ihr Gewicht auf den neuen inneren Steigbügel, um Ihrem Pferd die neue Richtung anzuzeigen.

- Lehnen Sie sich nicht übertrieben mit dem Oberkörper in eine Richtung. Das bringt Ihr Pferd aus dem Gleichgewicht.

- Sobald das Pferd umgesprungen ist, reiten Sie gerade weiter, bevor Sie Ihr Pferd in einer weichen Wendung um den inneren Schenkel biegen.

- Sollte der Wechsel nicht gelingen, reiten Sie geradeaus weiter, anschließend versuchen Sie es auf einem Zirkel noch einmal.

Dieses Bild zeigt einen Wechsel vom Links- in den Rechtsgalopp. Der neue innere Zügel könnte etwas offener sein, um den Wechsel anzuzeigen. Achten Sie darauf, dass der Sprung zwei Stangen als Grundlinie hat. Damit kann man ihn von beiden Seiten springen.

- In Fällen extremer Steifheit ist es oft hilfreich, eine Stange schräg unter den Sprung zu legen, um das Pferd damit in die neue Richtung zu führen. Waren Sie von der linken Hand angeritten, muß das rechte Ende der Stange vor dem Hindernis liegen und das linke Ende dahinter.

- Es ist aber genauso wichtig, daß ihr Pferd trotzdem, sollten Sie es so wünschen, geschmeidig auf einer Hand abspringt und auf derselben Hand landet ohne über dem Hindernis die Richtung oder den Galopp zu wechseln.

- Lassen Sie Ihr Pferd beim Springen auf dem Zirkel nicht über die äußere Schulter ausweichen und sich dabei steif machen.

- Führen Sie die innere Hand etwas weiter innen, verlagern Sie Ihr Gewicht auf Ihren inneren Steigbügel, schauen Sie in die gewünschte Richtung.

- Führen Sie Ihr Pferd mit beiden Händen durch die Wendung, egal in welche Richtung Sie nach dem Hindernis reiten möchten. Ziehen Sie nicht einfach nur mit der inneren Hand, sondern führen Sie Ihr Pferd mit tiefer äußerer Hand, um nicht über die Schulter aus dem Gleichgewicht zu geraten.

- Der äußere Schenkel liegt verwahrend hinter dem Gurt, damit die Hinterhand nicht wegschleudern kann.

- Arbeiten Sie gewissenhaft auf beiden Händen.

Übung 6

Handwechsel (2)

Material

10 Hindernisständer
8 Stangen

Aufbau

Bauen Sie zuerst ein Kreuz auf die Mittellinie eines großen Platzes oder einer großen Wiese. Drei oder vier Galoppsprünge dahinter stellen Sie auf einer gebogenen Linie rechts und links einen Oxer. Lassen Sie genug Platz, um den Bogen fortsetzen zu können.

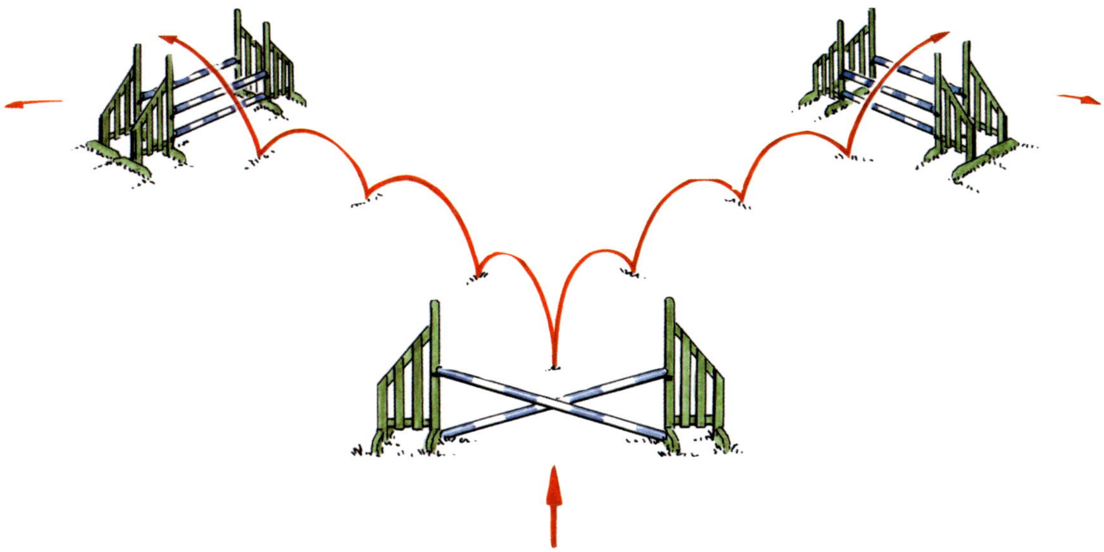

Nutzen der Übung

- Die laterale Geschmeidigkeit wird verbessert.
- Das Gleichgewicht auf beiden Händen wird verbessert.
- Die Rittigkeit wird verbessert.
- Vorausschauendes Reiten wird gefördert.

Punkte, die Sie beachten müssen

- Reiten Sie das Kreuz im Gleichgewicht im leichten Sitz an.
- Konzentrieren Sie Ihre Aufmerksamkeit auf die Richtung, in die Sie reiten möchten.
- Setzen Sie die richtigen Hilfen ein, um über dem Kreuz den Galopp einzustellen, den Sie brauchen, um auf der richtigen Hand zum Oxer zu gelangen. Das soll heißen: Augen nach vorne, geben Sie mit der inneren Hand nach und verlagern Sie Ihr Gewicht auf den inneren Steigbügel.
- Gelingt es Ihnen nicht, auf der richtigen Hand zu landen, galoppieren Sie einfach weiter und springen das Hindernis genauso, wie Sie angeritten waren. Das wird Ihr Pferd dazu bringen, beim nächsten Versuch sorgfältiger auf Sie zu hören, vor allem dann, wenn es sich beim Anreiten des Oxers im falschen Galopp ziemlich unwohl gefühlt hat.
- Parieren Sie zwischen Kreuz und Oxer nicht durch. Dadurch würden Sie das Problem einfach umgehen und zu keinem Ergebnis kommen. Das Weitermachen beschleunigt die Reaktionsfähigkeit von Pferd und Reiter.
- Arbeiten Sie das Pferd auf beiden Händen, stellen Sie sicher, dass es mit Leichtigkeit in jede Richtung geht.
- Reiten Sie das Kreuz immer gerade und aus dem Trab an.
- Reiten Sie nicht auf geradem Weg vom Kreuz zum Oxer, sondern biegen Sie Ihr Pferd geschmeidig auf einem großen Bogen in Richtung Hindernis. Reiten Sie nach dem Sprung auf demselben Bogen weiter.
- Reiten Sie immer in der Mitte über Kreuz und Oxer.

Übung 7

Kreuz mit einer niedrigen Stange

Material

4 Hindernisständer
3 Stangen

Aufbau

Bauen Sie ein hohes Kreuz, indem Sie die Ständer etwas enger als normal zusammenschieben und die Auflagen in das oberste Loch hängen. Das obere V des Kreuzes muß relativ schmal und hoch sein. Bauen sie einen Oxer, indem Sie eine einzelne Stange auf halbe Höhe des Kreuzes legen. Die Entfernung der Stange zum Kreuz ergibt sich aus der Erfahrung des Pferdes.

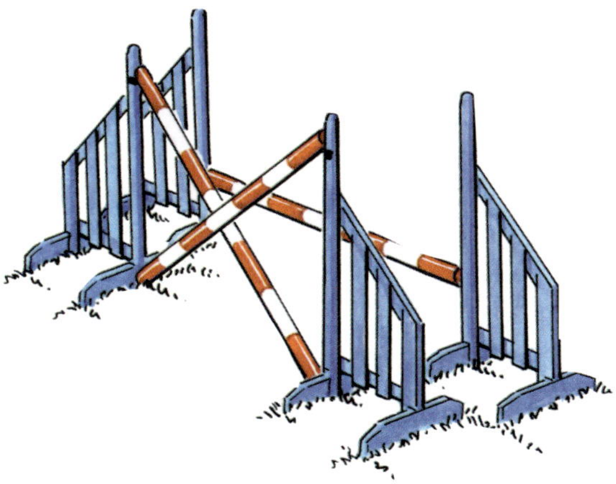

Nutzen der Übung

- Die Technik des Pferdes wird verbessert, vor allem in der Hinterhand, aber auch in Hals, Rücken, Schulter und in der Winkelung der Vorhand.

Punkte, die Sie beachten sollten

- Das Pferd muß in einem positiven, vorwärtsorientierten Galopp dicht an den Sprung geritten werden, Versuchen Sie Ihr Pferd nicht zu früh loszuschicken, sonst ist der Lerneffekt dieser Übung gleich Null.

- Gehen Sie sicher, daß Ihr Pferd ausreichend Antriebskraft hat, um das Hindernis mit Leichtigkeit aus seinem Rhythmus springen zu können. Behalten Sie den Schenkeldruck beim Absprung bei, um den Impuls zu erhalten.

- Die Höhe und das Gefühl von Enge am Kreuz, bringen das Pferd dazu, zuerst das Karpalgelenk und die Schulter anzuheben. Anschließend muß es den Oberarm nach vorne bringen, um sich nach der Weite zu strecken.

- Nachdem die hintere Stange nicht hoch ist, kann das Pferd über dem Sprung mit der Vorbereitung zur Landung beginnen.

- Es muß seine Hinterhand schnell und hoch anheben, um nicht an die Stange zu kommen und wird aufgefordert, sich auf die zweite Hälfte seiner Sprungkurve

Dieses Foto zeigt den Effekt eines hohen Kreuzes mit einer niedrigen Stange dahinter. Während das Pferd die Vorhand gut verstaut, hat seine Hinterhand bereits den Boden verlassen. Hals und Kopf sind gut nach vorne gestreckt.

zu konzentrieren. Es darf seine Hinterhand nicht nach vorne unter seinen Bauch ziehen, sondern sollte seine Beine vertrauensvoll und locker mitschwingen lassen und vor der Landung auf seiner Vorhand, mit tiefem Hals, anheben.

- Geben Sie großzügige Halsfreiheit. Behindern Sie die Vorwärtsbewegung Ihres Pferdes nicht durch den Zügel.

- Diese Übung erfordert einen Reiter, der unabhängig im Gleichgewicht sitzt. Ein gut positionierter Unterschenkel gibt die erforderliche Unterstützung, Ihr Gewicht im Absatz gibt Sicherheit. Sehen Sie nach oben. Galoppieren Sie nach der Landung vorwärts, vor allem dann, wenn über dem dem Sprung die Vorwärtsbewegung verloren gegangen war.

- Loben Sie Ihr Pferd sobald es einen geschmeidigeren Sprung gemacht hat oder eine Verbesserung spürbar wird. Um sein Vertrauen und seinen Gehorsam zu fördern, sollte das Gefühl für die korrekten Ausführung klar und deutlich vermittelt werden.

Übung 8

Gymnastikreihe (1)

Material

12 Hindernisständer
12 Stangen

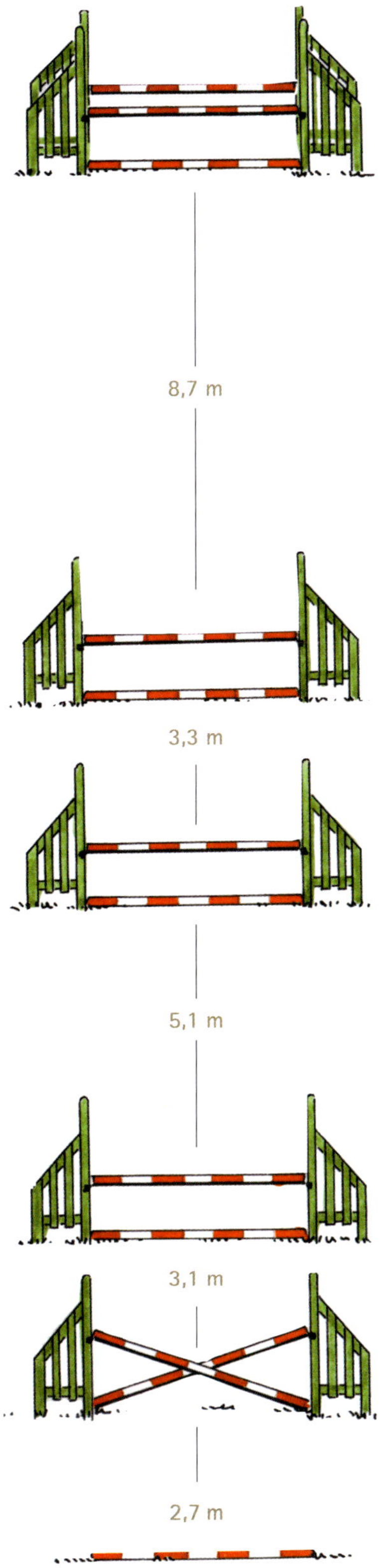

Aufbau

Legen Sie eine einzelne Stange in einem Abstand von 2,7 m vor ein einfaches Kreuz auf den Boden. Um ein In-Out zu schaffen, folgt nach 3,1 m ein Steilsprung mit einer Stange als grundlinie. Nach 5,1 m kommt ein weiteres In-Out in einem Abstand von von 3,3 m. Den Abschluß der Reihe bildet ein Oxer nach zwei weiteren Galoppsprüngen. Die Höhe der hindernisse ist vom Vertrauen und Vermögen Ihres Pferdes abhängig. Erhöhen Sie die Hindernisse ganz allmählich und bauen Sie nicht so hoch, daß der gleichmässige Rhythmus innerhalb der Reihe verloren geht. Überfordern Sie Ihr Pferd nicht.

Nutzen der Übung

- Das Pferd wird athletischer.
- Die Einwirkung wird verbessert.
- Die Technik am Sprung wird verbessert.

- Der Rhythmus und ein gleichmässiges Tempo wird gefestigt.
- Das Pferd wird gerader.
- Das Gleichgewicht des Reiters wird verbessert.

Punkte, die sie beachten sollten

- Das Anreiten sollte in kontrolliertem Leichttraben erfolgen.
- Der Reiter muß zulassen, daß das Pferd durch die Hindernisse abgebremst oder zum Zurückkommen aufgefordert wird; während der ganzen Reihe mit der Hand nachgeben.
- Die Abstände sind relativ knapp bemessen, damit sich das Pferd mehr anstrengen muß, um sein Gleichgewicht und sein seine Galoppsprünge zu versammeln und um es vorsichtiger und aufmerksamer zu machen.
- Ein gleichmässiger Schenkeldruck muß beibehalten werden,damit der Rhythmus und der Vorwärtsimpuls während der Übung nicht verloren gehen.
- Der Reiter sollte während der ganzen Übung ruhig und ausbalanciert im Steigbügel stehen. Er muß das Pferd im leichten Sitz über den Rücken springen springen lassen und darf weder vor noch hinter die Bewegung fallen.
- Wirft der Reiter seine Schulter beim Absprung nach vorne, macht er es dem Pferd schwerer, vor dem Hindernis zurückzukommen und eine gute sprungkurve zu erreichen.
- Bleiben Sie gerade – das Kreuz beim Einsprung dafür gedacht, den Anfang der Übung zu zentrieren. Sie können an jeder Stelle der Reihe zusätzliche Kreuze hinzufügen.
- Galoppieren Sie immer von der Reihe weg und lassen Sie Ihr Pferd nicht danach in den Trab fallen. Parieren Sie richtig durch.

Übung 9

Gymnastikreihe (2)

Material

14 Fänge
14 Stangen

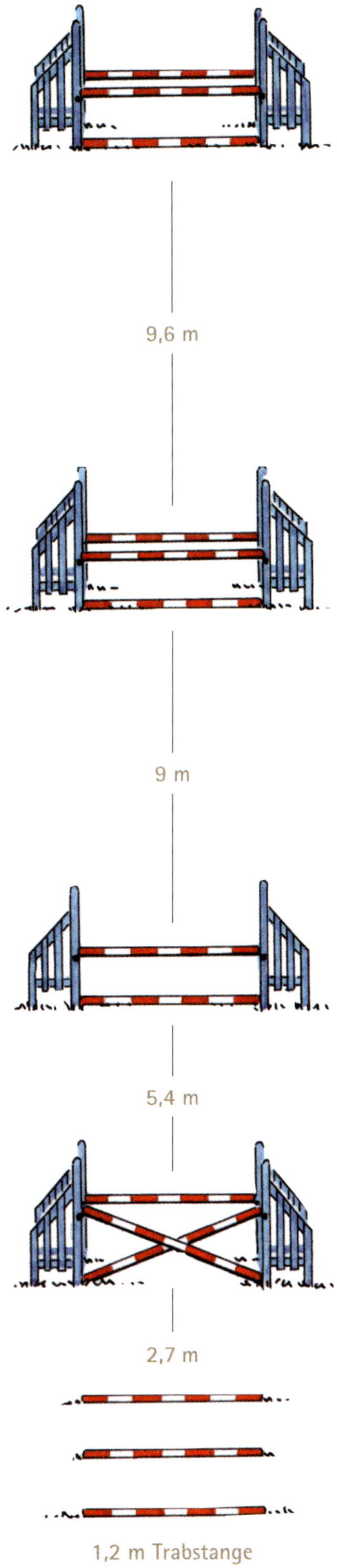

Aufbau

Legen Sie drei Trabstangen (Abstand 1,2 m) in einer Entfernung von 2,7 m vor einen Oxer, dessen Front aus einem Kreuz besteht. Stellen Sie 5,4 m hinter den Oxer einen Steilsprung, nach 9 m einen weiteren Oxer und einen dritten Oxer 9,6 m dahinter.

Nutzen der Übung

- Das Pferd kommt vor den Schenkel und reagiert auf die Schenkelhilfen.
- Das Pferd wird dazu ermuntert, seinen Galoppsprung zu verlängern.
- Ein offener Sprung in Vorwärtstendenz wird unterstützt.

Punkte, die Sie beachten sollten

- Die drei Trabstangen helfen dem Pferd im Gleichgewicht zu bleiben, wenn der Reiter vor dem Oxer beginnt, vorwärts zu reiten.

Die Reiterin unterstützt ihr Pferd beim Verlängern seiner Galoppsprünge in der Gymnastikreihe. Das Ganze wäre wirkungsvoller, würde ihr Schenkel besser liegen, mit mehr Gewicht im Absatz. Ein leichterer Sitz würde es dem Pferd erleichtern, den Rücken rund zu machen und den Galoppsprung zu verlängern.

- Sie müssen aufpassen, Ihr Pferd nicht aus dem Gleichgewicht zu bringen, wenn Sie die Galoppsprünge verlängern und die Antriebskraft vor dem Hindernis vergrößern.
- Der Reiter darf sein Pferd vor dem Sprung nicht im Stich oder über den Trabstangen auseinanderfallen lassen.
- Der Impuls muss erhalten bleiben.
- Das Pferd muß die Verbindung zur Hand vorwärts und nicht abwärts suchen.
- Der Reiter muß sein Pferd mit seinem Schenkel innerhalb der Reihe einrahmen. Die Energie und die Länge der Galoppsprünge werden durch den Schenkel und nicht durch den Sitz des Reiters geschaffen. Schweres Einsitzen und starkes Anschieben mit dem Gesäß bringen das Pferd dazu, den rücken wegzudrücken und das Tempo zu beschleunigen anstatt die Galoppsprünge zu verlängern.
- Bemessen Sie die Grundlinie an den Sprüngen großzügig, damit Ihr Pferd gleichmässig und vertrauensvoll vorwärts geht. Sie können die Hindernisse einladender machen, wenn Sie eine Stange ein kleines Stück vor das Hindernis rollen.
- Reiten Sie in einem positiven Galopp vom letzten Hindernis weg.

Übung 10

Das Verbessern des Galopps

Material

3 Stangen

Aufbau

Legen Sie die Stangen auf einer geraden Linie in einem ganz bestimmten Abstand auf den Boden. Das Beispiel hier zeigt 19,2 m zwischen Stange 1 und 2 und 12 m zwischen Stange 2 und 3. Das ist eine normale Distanz für fünf Galoppsprünge zwischen Stange 1 und 2 und drei Galoppsprünge zwischen Stange 2 und 3. Die Stangen können so verschoben werden, daß jede Anzahl von Galoppsprüngen abgefragt werden kann. Die Abmessungen basieren darauf, daß 3,6 m einem Galoppsprung ohne Hindernis entsprechen. Geben Sie auf jeder Seite der Stange 30 cm zu – Sie gehen über die Stange und springen nicht. Distanzen mit mehreren Galoppsprüngen sind Distanzen mit weniger Galoppsprüngen vorzuziehen.

Nutzen der Übung

- Rhythmus, Gleichgewicht und Einwirkung werden gefestigt.
- Das Pferd wird gerader.
- Die Versammlung des Galopps wird verbessert.

Stangen auf dem Boden helfen, die Balance und den Rhythmus des Pferdes im Galopp zu verbessern. Sie können auch den Galoppsprung elastischer machen.

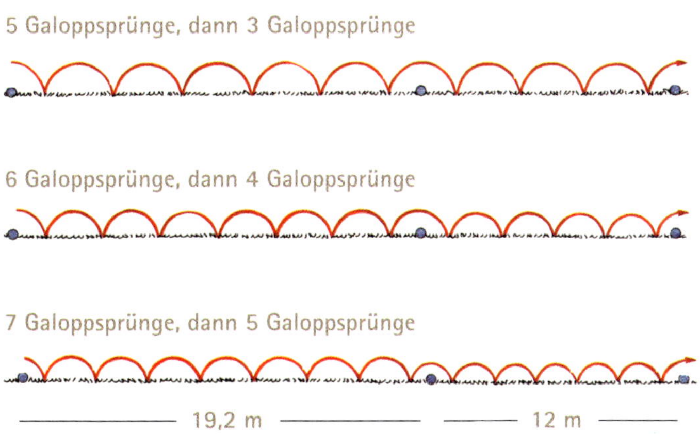

Punkte, die Sie beachten müssen:

- Die Übung wird ausschließlich im Galopp geritten.
- Das Tempo sollte von Anfang bis Ende gleichmässig sein.
- Der Rhythmus darf sich durch den Einfluss der Stangen nicht verändern. Übertriebenes Abspringen oder Eilen muß verhindert werden.
- Sie müssen über und zwischen den Stangen gerade bleiben.
- Jeder Galoppsprung sollte gleich groß sein. Sobald mit Hilfe des Gleichgewichts, des Rhythmus und des richtigen Einwirkungsgrades das gewünschte Muster im Ablauf der Galoppsprünge erreicht ist, können Sie versuchen, den Galoppsprung weiter zu versammeln, um einen zusätzlichen Galoppsprung zwischen die Stangen einzufügen.
- Ihr Pferd sollte auf der Vorhand leichter und nicht schwerer werden und mehr Gewicht mit der Hinterhand aufnehmen. Die Hinterhand darf nicht nach einer Seite ausweichen.
- Sobald der richtige Rhythmus mit Hilfe der beständigen Balance konstant eingestellt wurde, können Sie noch einen Galoppsprung einbauen. Ihr Pferd muß seinen Rahmen dann noch mehr verkürzen, während es vermehrt die Hanken beugt. Die richtige Reaktion auf diese gesteigerten Anforderungen sollte ein vermehrter Einsatz der Hinterhand sein.
- Fällt das Pferd in den Trab, reiten Sie einfach noch einmal an und treiben vermehrt mit dem Unterschenkel, um das Pferd aktiver zu machen.
- Gehen Sie behutsam vor und bleiben Sie in Ihren Anforderungen realistisch. Je weiter die Stangen auseinander liegen, umso größer ist die Anzahl der Galoppsprünge, die Sie dazwischen bringen können.
- Sehen Sie diese Trainingseinheit als Training für das Galoppieren und nicht für das Springen. Bleiben Sie aber im leichten Sitz, damit Ihr Pferd Bewegungsfreiheit im Rücken hat. Damit Sie sich über dem Schwerpunkt des Pferdes verteilen können, richten Sie Ihren Oberkörper beim Verkürzen der Galoppsprünge auf.
- Um erfolgreich im Gelände reiten zu können, muss sich der Reiter sicher sein können, drei verschiedene Galopps, also drei »Gänge« zur Verfügung zu haben. Es ist vollkommen egal, wie diese Gänge heissen, meistens werden sie aber als versammelter Galopp, Arbeitsgalopp und starker Galopp bezeichnet. Wenn ich unterrichte, bezeichne ich sie oft als »Schleichen«, »Normal« und »Vom Fleck kommen«. Diese Übung soll Ihnen helfen, dieses Ziel zu erreichen und Sie vor dem Fehler schützen, nur ein Art von Galoppsprung im Repertoire zu haben.
- Diese Übung ist nützlich für den Reiter – er kann mit ihrer Hilfe seine Fähigkeit, Galoppsprünge zu zählen und eine Distanz zu sehen, verfeinern.

Übung 11

Geradehalten

Material

2 Hindernisständer
2 Stangen mit aufgemalten Streifen
1 Stange als Grundlinie

Aufbau

Bauen Sie einen normalen Steilsprung mit einer soliden Grundlinie auf. Die Höhe des Hindernisses ist von geringer Bedeutung

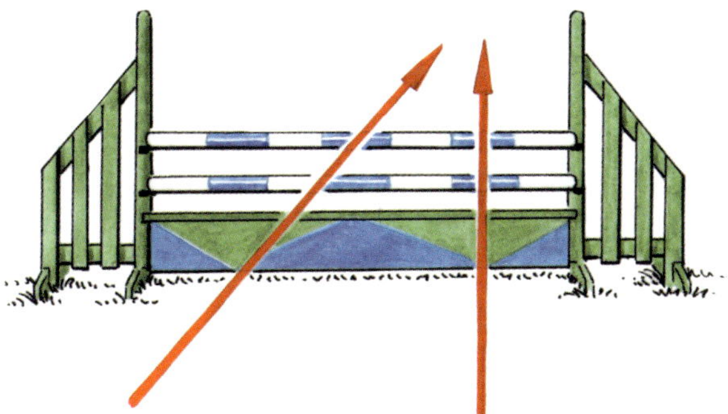

Nutzen der Übung

- Das Pferd wird gerade.
- Einwirkung und Rittigkeit werden verbessert.
- Um sich, ohne Verwendung eines schmalen Hindernisses, auf Adlerschwingen und Ecken vorzubereiten.

Punkte, die Sie beachten müssen

- Merken Sie sich eine bestimmte Stelle über die Sie reiten möchten, bevor Sie angaloppiert kommen.Das könnte z.B. ein Streifen der Stange sein.
- Der gewählte Weg muß nicht notwendigerweise über die Mitte des Hindernisses führen. Er kann auch rechts oder links versetzt sein (siehe Zeichnung, Linie 1).
- Reiten Sie die ausgewählte Stelle auf geradem Weg an und achten Sie darauf, daß dieser Weg über und nach dem Sprung beibehalten wird.
- Jede Seitwärtsbewegung wird damit für den Reiter und für einen Zuschauer sofort sichtbar.
- Sehen Sie konzentriert auf einen Punkt hinter und oberhalb der ausgesuchten Stelle, das hilft Ihnen, jegliches Wegdriften oder auch die kleinste Richtungsänderung sofort zu spüren.

- Achten Sie darauf, daß der Galoppsprung Ihres Pferdes versammelt genug ist, damit Sie präzise und kontrolliert anreiten können.

- Denken Sie daran, wie wichtig es ist, vorwärts zu reiten, um gerade zu bleiben. Ziehen Sie beim Anreiten nicht gegen Ihr Pferd, sonst wird es schief.

- Sie können das gerade Anreiten auch mit einer Diagonale über den Sprung üben (siehe Zeichnung, Linie 2). Auch hier darf keine Richtungsänderung sichtbar werden.

- Weil sich das Hindernis vom Pferd wegbewegt, schwimmt es bei der diagonalen Linie leichter zu Seite. Ein beständige und gleichmässige Verbindung von Hand und Schenkel lenkt seine Vorwärtsbewegung in gerade Bahnen.

- Achten Sie darauf, gerade zu sitzen.

Übung 12

Diagonalen

Material

Ausreichend Hindernismaterial, um 3 Oxer und 2 Steilsprünge zu bauen

Aufbau

Stellen Sie als erstes einen Oxer in die Mitte Ihres Springplatzes. Das Hindernis sollte eine angenehme Höhe für Ihr Pferd haben und seinem Ausbildungsstand angepasst sein. Auf einer Diagonalen, die von diesem ersten Oxer halbiert wird, bauen Sie zwei weitere Oxer in einem Abstand von jeweils drei Galoppsprüngen. Auf der gegenüberliegenden Diagonale bauen Sie dasselbe mit zwei Steilsprüngen.

Nutzen der Übung

- Das Pferd wird gerader.

- Vorwärtsdenken und das Vorwärtsreiten werden gefördert.

- Der Rhythmus wird gefestigt.

- Die Lenkbarkeit wird verbessert

Punkte, die Sie beachten müssen

- Ziel der Übung ist es, einen geraden und direkten Weg über alle drei Elemente der Diagonale zu reiten.

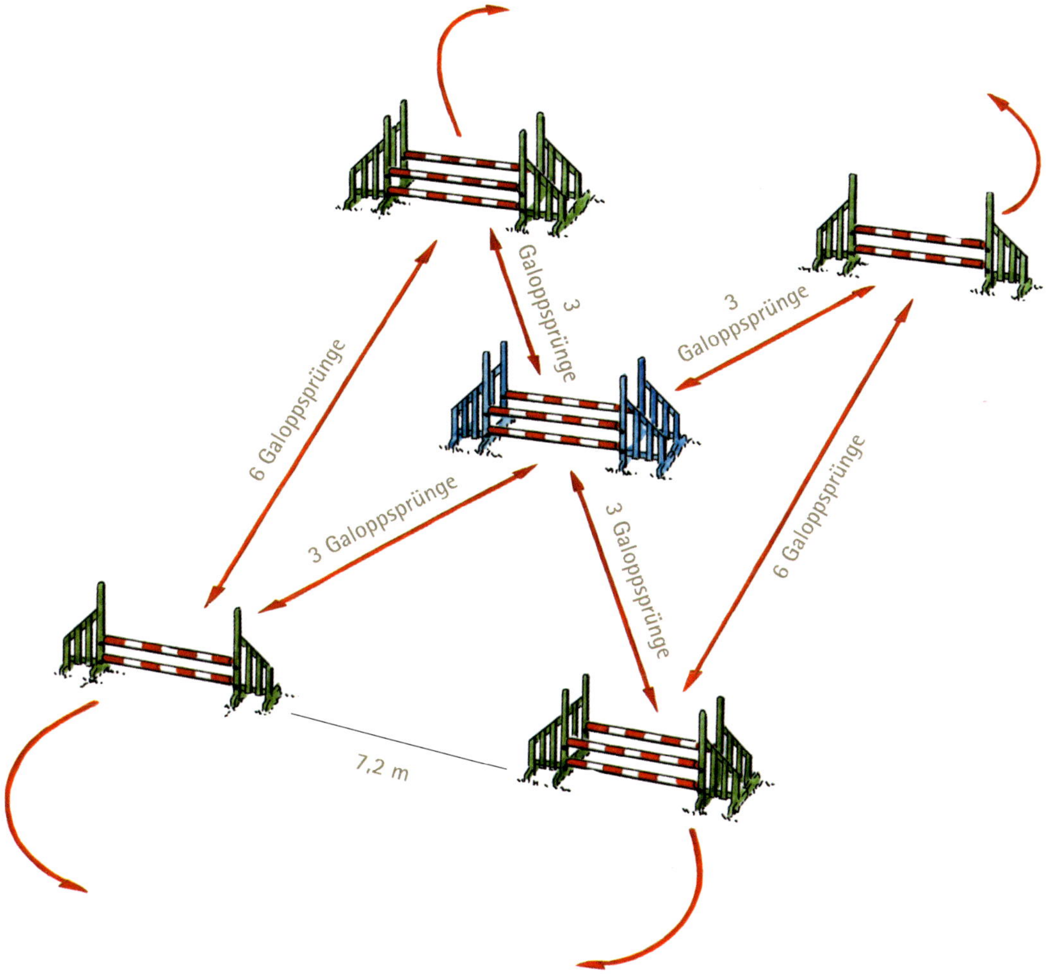

- Versuchen Sie stets einen gleichmässigen Galoppsprung und ein gleichmässiges Tempo zu halten.
- Der Reiter muß während der ganzen Zeit seine Augen auf das vor ihm liegende Hindernis fokussieren, damit er jedes Abweichen von der Linie bereits im Ansatz spürt.
- Achten Sie darauf, nicht über dem Hindernis von Ihrem Weg abzukommen. Reiten Sie die Hindernisse schräg an, lassen Sie sich nicht von Ihrem geraden Weg abbringen.
- Stellen Sie den idealen Weg so früh wie möglich ein, um während der ganzen Sequenz gerade zu bleiben. Reiten Sie nicht in Eile auf das erste Hindernis zu. Es wäre wahrscheinlich klüger, zuerst über die Diagonale mit den zwei Steilsprüngen zu reiten, bevor Sie die drei Oxer in Angriff nehmen.
- Der Vorteil eines Oxers als Mittelpunkt der Sprungfolge liegt in der Förderung positiven Vorwärtsreitens.

Übung 13

Das Einstellen des Rhythmus und das Zählen von Galoppsprüngen

Material

2 Hindernisständer
4 Stangen

Aufbau

Stellen Sie einen einfachen Steilsprung auf die Mittellinie Ihres Springplatzes. Der Abstand zur Bande sollte auf beiden Seiten gleich sein.

Sorgen Sie für eine deutliche Grundlinie auf beiden Seiten des Hindernisses, um von beiden Seiten anreiten zu können.

Das Hindernis muß nicht besonders hoch gebaut werden.

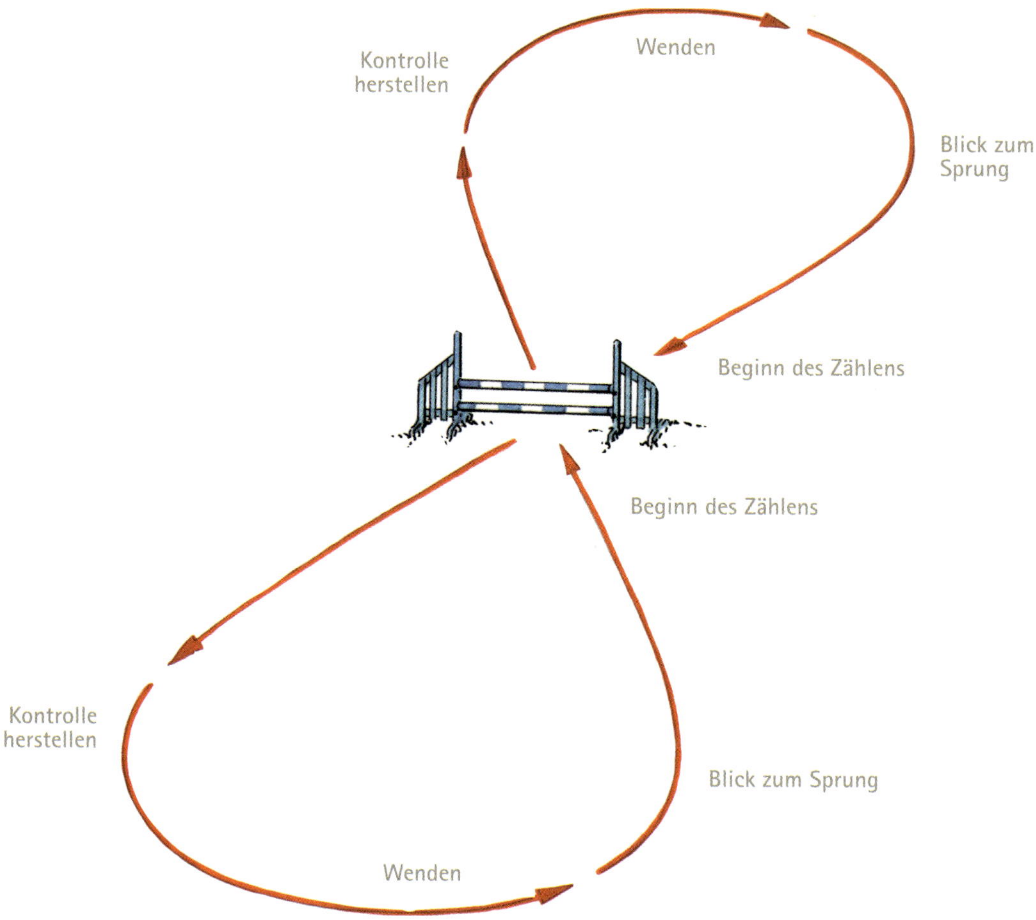

Nutzen der Übung

- Der Rhythmus im Gleichgewicht wird gefestigt.
- Der Reiter lernt, Distanzen einzuschätzen.
- Rittigkeit, Einwirkung und Konstanz werden verbessert.

Punkte, die Sie beachten müssen

- Die ganze Übung sollte in einem ausbalancierten und kontrollierten Galopp geritten werden. Reiten Sie ohne Unterbrechung eine Acht, das Hindernis dient dabei als Kreuzungspunkt. Um den Vorwärtsfluß und Rhythmus zu fördern, ist es wünschenswert, über dem Hindernis einen Galoppwechsel zu reiten. Sollte dies nicht gelingen, ist die Frage des richtigen Galopps im Interesse eines flüssigen Galopps zu ignorieren.
- Hat man die Ideallinie eingestellt, sollte der Reiter versuchen, während des letzten Galoppsprungs vor dem Abheben laut »eins« mitzuzählen. Auf dem Rückweg zum Sprung zählen Sie während der letzten zwei Galoppsprünge laut »eins, zwei«. Beim nächsten Anreiten zählen Sie während der letzten drei Galoppsprünge laut »eins, zwei, drei«, gefolgt von den nächsten vier Galoppsprüngen usw.
- Für den unerfahrenen Reiter ist es oft schwierig ein Auge für Distanzen, die länger als fünf Galoppsprünge sind, zu entwickeln. Es kann in der Tat einige Zeit und eine Menge Übung erfordern, bevor sich die Einschätzung als richtig erweist.
- Es ist wichtig, in dieser Übung den Fluß zu erhalten, um einen Lerneffekt für den Reiter zu erzielen. Denken Sie voraus, reiten Sie flüssig durch die Wendungen, um genügend Platz für ein gleichmässiges Tempo und gleichmässige Galoppsprünge zu haben.
- Durch das laute Zählen, wird jegliche Änderung in Rhythmus während des Anreitens sofort sichtbar. Wenn das Pferd beschleunigt müssen Sie schneller zählen. Ein Zuschauer ist in diesem Fall nützlich und macht die Sache sicherlich lustiger!
- Sie dürfen nicht in Eile sein.
- Erhalten Sie den Rhythmus nach dem Sprung, halten Sie jederzeit die Verbindung im Galopp, bringen Sie vor der Wendung wieder alles unter Kontrolle und schauen Sie rechtzeitig wieder auf das Hindernis, um sich frühzeitig darauf vorbereiten zu können.

Übung 14

Aus dem Trab über ein Kreuz - einen Steilsprung und einen Oxer

Material

6 Hindernisständer
8 Stangen

Aufbau

Stellen Sie ein einfaches Kreuz und einen Oxer, aus zwei Kreuzen nebeneinander. Legen Sie eine Trabstange auf die Absprung- und Landungsseite beider Hindernisse. Der Abstand zwischen Stange und Kreuz beträgt 2,5 m, beim Oxer beträgt der Abstand zwischen Stange und Hindernis 3,1 m.

Nutzen der Übung

- Rhythmus und Einwirkung werden verbessert.
- Kraft und Impuls werden aufgebaut.
- Die Rittigkeit wird verbessert.
- Die Unabhängigkeit des Reiters und sein Geschick werden geschult.

Punkte, die Sie beachten müssen

- Der Reiter sollte die beiden Hindernisse unterschiedlich anreiten.
- Das Anreiten erfolgt bei beiden Hindernissen bis zum Moment des Absprungs aus dem Trab. Ihr Pferd darf nicht schneller oder langsamer werden oder in den Galopp fallen.
- Um den Trab rhythmisch zu halten, trabt der Reiter leicht.Das hilft ihm, sein Gewicht besser auf die Steigbügel zu verteilen, um während der gesamten Übung unabhängig im Gleichgewicht zu bleiben.
- Das Pferd muß innerhalb der Stangen abspringen und landen.
- Das Anreiten muß von beiden Händen und aus beiden Richtungen erfolgen.
- Der Rahmen Ihres Pferdes muß am Steilsprung verkürzt, der Galoppsprung versammelt werden. Der Reiter muß darauf achten, daß seine Ellbogen angewinkelt und elastisch bleiben, um keinen Widerstand zu provozieren. Er darf seine Hand und seinen Arm nicht fest und starr machen. Die Sprungkurve Ihres Pferdes sollte kurz und hoch sein, der Reiter sollte mit der Hand ein wenig »auf Zug« bleiben. Das Ganze sollte den Eindruck von Versammlung, Kontrolle und Einwirkung vermitteln.

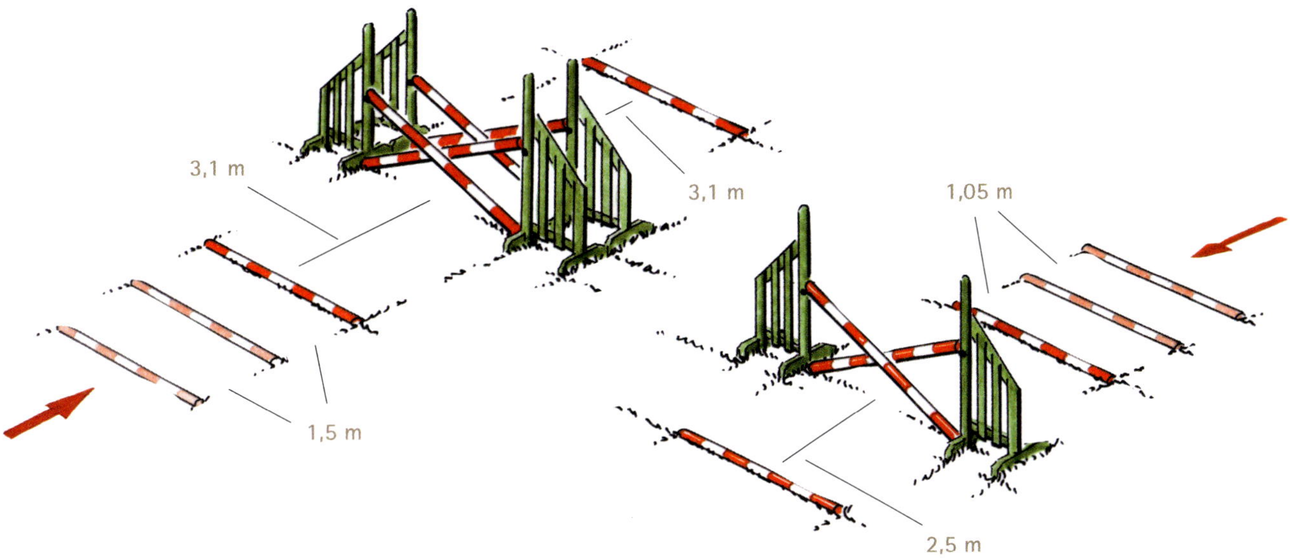

- Am Oxer erfolgt das Anreiten mit mehr Vorwärtstendenz. Der Rahmen und die Tritte Ihres Pferdes sollten rhythmisch im Trab erweitert werden. Das Ganze sollte den Eindruck von Kraft und Impuls vermitteln (Von diesem Sprung kann das Pferd weggaloppieren).

- Beide Hindenisse sollten mit Leichtigkeit im Rhythmus überwunden werden können.

- Um den Rhythmus und die Balance zu erhalten, können Sie bei Bedarf, noch Trabstangen hinzufügen – in engen Anständen um den Trab aktiver zu machen, in weiteren Abständen um die Trabtritte zu verlängern (siehe Zeichnung).

- Der Reiter muß immer im Gleichgewicht mit seinem Pferd bleiben. Sehen Sie nach oben und nicht nach unten. Fallen Sie nicht vor oder hinter die Bewegung.

Register

Die Deutsche Bibliothek –
CIP-Einheitsaufnahme

Ein Titeldatensatz für diese Publikation ist bei Der Deutschen Bibliothek erhältlich

Umschlagfotos: David Fraser (Vorderseite)
Bob Langrish (Rückseite)
Umschlaggestaltung:
Werbeagentur Joko Sander, München

Übersetzung: Julia Kemmler

Layout: Walter Werbegrafik, Gundelfingen

Herstellung: Manfred Sinicki

BLV Verlagsgesellschaft mbH
München Wien Zürich
80797 München

Titel der englischen Originalausgabe:
Blyth Tait's Cross-Country Clinic
erschienen bei The Kenilworth Press Ltd.,
Addington/ Großbritannien

Satz: DTP-Design Walter, Gundelfingen
Gesamtherstellung: Neue Stalling, Oldenburg
Gedruckt auf chlorfrei gebleichtem Papier

Printed in Germany · ISBN 3-405-15937-7

So bleibt Ihr Pferd gesund

Karen E. N. Hayes
Kursbuch Pferdekrankheiten
Der sichere Weg zur schnellen Hilfe: mit den Aktionsplänen alle Symptome, Erkrankungen und Verletzungen beim Pferd sicher diagnostizieren und behandeln; Praxis der Selbstbehandlung, Basiswissen zur Pferdehaltung und Gesundheitsvorsorge.

Karen E. N. Hayes
Kursbuch Pferdekrankheiten Checklisten
Ergänzend zum Kursbuch – für die Stallapotheke, griffbereit im Notfall: die Aktionspläne, in einem separaten Taschenbuch zusammengefasst.

Jean-Pierre Hourdebaigt
Pferdemassage
Praxisratgeber über schonende Massage für Pferde – Schritt für Schritt leicht nachvollziehbar: Anatomie und Physiologie des Pferdes, die einzelnen Massagetechniken, verschiedene Behandlungsbereiche.

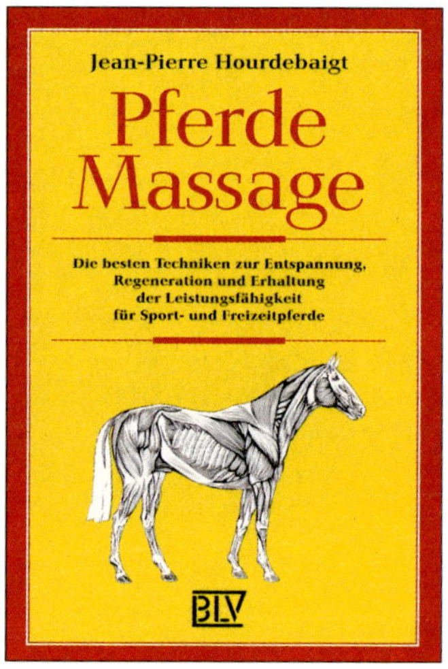

Meredith L. Snader u. a.
Pferde natürlich behandeln und heilen
Die Behandlung von Krankheiten und Verletzungen beim Pferd auf sanfte, natürliche Weise: Akupunktur, Chiropraktik, Homöopathie, Massage, Heilkräuter-Anwendungen – mit detailliert beschriebenen Therapievorschlägen.

Jackie Budd
Pferde besser verstehen
Die Natur des Pferdes besser verstehen – Basis für eine gute Beziehung zwischen Mensch und Pferd: Instinktverhalten und Evolution des Pferdes, Charakterzüge und Verhaltensweisen, Lernverhalten, Intelligenz und Ausbildung.

Handbuch Pferd
Das zuverlässige Standardwerk – konkurrenzlos kompetent: präzise, umfassende Informationen und fachliches Know-how von 42 hochqualifizierten Fachautoren zu allen Themenbereichen rund um das Pferd.